Huele a limpio

Huele a limpio

Los mejores trucos y consejos de limpieza y orden
para simplificar tu vida y sentirte feliz en tu casa

Elisabet Jiménez

Papel certificado por el Forest Stewardship Council®

Primera edición: septiembre de 2025

© 2025, Elisabet Jiménez Garzón
Autora representada por Insight Media Consulting S. L.
© 2025, Inés Masip, por la colaboración en los textos
© 2025, Penguin Random House Grupo Editorial, S. A. U.
Travessera de Gràcia, 47-49. 08021 Barcelona
Iconos e imágenes de interior: Peacefully7 / iStock, Blankstock / iStock, iiierlok_xolms /
iStock y the8monkey / iStock

Printed in Spain – Impreso en España

ISBN: 978-84-666-8267-1
Depósito legal: B-12.114-2025

Compuesto en M. I. Maquetación, S. L.
Impreso en Liberdúplex
Sant Llorenç d'Hortons (Barcelona)

BS 8 2 6 7 1

Índice

INTRODUCCIÓN

No necesitas limpiar más, sino limpiar mejor

Hasta que no nos independizamos, no tenemos ni idea de cómo se hace nada de lo que tiene que ver con el día a día de nuestra casa. Por eso, en 2020 creé una cuenta de Instagram especializada en limpieza a la que llamé @huele.a.limpio, que en la actualidad tiene más de cuatrocientos mil seguidores. Y por eso, hoy tienes entre tus manos este libro.

Me llamo Elisabet, pero me gusta que me llamen Eli. Solo me han llamado Elisabet los maestros y mi abuela. Nadie más. En el momento en el que estoy empezando a hacer este libro, tengo treinta y cinco años y estoy a punto de cumplir los treinta y seis. Estoy casada, tengo una niña de siete años y vivo en Huétor Vega, el pueblo en el que nací, en Granada. Estudié dos grados superiores, uno de Administración de Finanzas y otro de Comercio Internacional, pero al final me he acabado dedicando al comercio, porque me encanta estar de cara al público y hablar con la gente. Empecé trabajando en una tienda más pequeña, en la que tenías que ofrecer a los clientes una atención más personalizada, pero ahora trabajo de cajera en el Aldi de mi pueblo. Y aunque es un trabajo en el que no tienes tanto tiempo para hablar con la gente que viene a comprar, yo me he hecho conocer y todo el mundo, cuando entra y me ve, me saluda. A mí cuando me preguntan dónde está tal cosa, yo no les digo dónde está, no, les digo que se vengan conmigo y se lo enseño. Y así aprovecho y hablo un rato con ellos. Yo es que hablo mucho. Hablo un montón.

Mi madre es ama de casa. También era autónoma y por las tardes trabajaba con mi padre en la tienda que tenían, pero por las mañanas siempre estaba en casa y era la que se encargaba de hacerlo todo. Conforme iban pasando los años, me iba dando un poquito más de responsabilidad a mí, pero al final, poner las lavadoras, cocinar y limpiar la casa eran partes indispensables de su rutina diaria. Y yo no me daba cuenta, pero eso iba calando en mí y cuando me fui de casa de mis padres, también quise que mi casa estuviese tan ordenada y limpia como lo estaba la suya.

Hasta los veinticinco años, que fue cuando me independicé, yo me lo encontraba todo limpio sin hacer prácticamente nada. Lógicamente, tenía que arreglar mi habitación, ordenarla, doblar mi ropa… Lo normal de cuando eres adolescente. Pero cuando me emancipé fue cuando me di cuenta de que tenía que limpiar la cocina, de que tenía que hacer todos los días la cama y de que la casa se ensucia y si no la limpias, ella no se va a limpiar sola. Además, si trabajas muchas horas fuera de casa, cuando vuelves lo que necesitas es descansar y sentir paz. Porque si tú llegas a tu casa y lo que ves es desorden y suciedad, no te apetece estar ahí. A mí eso me genera mucha intranquilidad. Yo no me puedo sentar en un sillón ni me puedo ir a dormir tranquila, sabiendo que mi casa está mal. Me da la sensación de que hay algo que no encaja. En mi mente hay algo que hace clic y dice no, no puede estar todo esto así.

Cuando empecé a organizarme para limpiar y arreglar la casa yo sola, fui consciente de que me daba mucha satisfacción cuando terminaba y lo veía todo limpito. Y cuando no estoy limpiando, mi cabeza está todo el rato pensando en qué se puede limpiar más, qué se puede ordenar más, qué más se puede hacer para que nos sintamos más a gusto en nuestra casa. Y a mí eso me hace sentir mejor. De hecho, los días en los que estoy baja de ánimos, una de las cosas que me ayuda a despejarme, a sentirme bien y a calmar mi furia es limpiar.

Mi marido es mecánico, se va por la mañana muy temprano y llega a casa por la noche. Come incluso en su negocio. Yo, como en Aldi tengo jornada intensiva, me puedo organizar mejor: si estoy de tarde, ordeno por la mañana y si estoy de mañana, pues en los ratitos que mi hija aún está en el cole o en sus extraescolares, aprovecho y lo hago corriendo. Voy como una loca, ¡es para verme! Lo que tengo claro es que no me puedo sentar a comer hasta que no está la casa recogida. Soy muy maniática para eso y yo necesito sentarme y saber que ya no me voy a tener que levantar a recoger nada: que ya están las camas hechas y que todo está más o menos en su sitio.

Lo de la cuenta de Instagram me lo planteé a raíz de la pandemia de COVID-19. En ese momento, todavía trabajaba en una tienda en un centro comercial. Como nos confinaban por zonas, si justo le tocaba a tu zona de trabajo durante una, dos o tres semanas, te mandaban a casa. Al principio fueron dos meses enteros y luego fue por épocas. Además, hubo un momento en el que mi contrato bajó de horas, porque la tienda no abría todas las horas que lo hacía antes de la pandemia. En fin, que pasaba mucho tiempo en casa, pero mi niña seguía yendo a la guardería y mi marido seguía trabajando. Entonces, yo en mi casa lo único que hacía era limpiar, limpiar, limpiar y recoger todo el rato. No tenía nada más que hacer. En vez de ver series de Netflix o ponerme a hacer pan, yo me puse a limpiar. En ese momento, también empecé a seguir cuentas que subían vídeos y contenidos de limpieza y me di cuenta de que me gustaban mucho. Me quedaba embobada mirando esos vídeos. Me entretenían un montón. Y ahí fue cuando me dije: «¿Y por qué yo no hago lo mismo?». Y en uno de los muchos confinamientos que hubo, decidí abrirme la cuenta. Al principio me daba vergüenza mostrar mi cara y solo se me veían las manos, pero poco a poco me fui animando y hasta ahora.

En mi familia, de amas de casa tengo muchas. Nosotros vivimos en la misma urbanización, unos al lado de los otros. La casa de mis padres está pegada a la casa de mi Tita y un poquito más abajo está la casa de mi otra Tita. Y todas son amas de casa. Mi abuela también lo era. Al final, yo me he criado con ellas y son como mis otras madres. Yo salía de mi casa, la puerta de la casa de mi tía estaba abierta, entraba y ahí me la encontraba, limpiando. Mis tías son incluso más maniáticas que mi madre. Yo diría que a ellas les gusta más limpiar que a mí, que ya es mucho decir. Y desde que me independicé, cuando ha habido alguna cosa que no he sabido cómo limpiar, he recurrido a ellas. Además, consumo muchos contenidos de YouTube e Instagram sobre limpieza y llevo diez años en un proceso continuo de ensayo y error.

Voy probando cosas, me fijo en lo que estoy haciendo mal, pruebo y pruebo y de repente doy en el clavo y digo: «¡Ah, mira!, pues se hace así». Eso me pasa un montón de veces. Lo que yo sé sobre limpieza y orden es una mezcla de todas estas cosas. Y eso es lo que quiero ofreceros en este libro: mi experiencia, los mejores trucos de mi cuenta desde que empecé hasta ahora, lo que más busca la gente y las preguntas que más me hacen por mensaje directo, pero, sobre todo, me gustaría aportaros una visión de la limpieza más relajada y realista, que os ayude a llevarla mejor en vuestro día a día, para que pase de ser una carga a ser una aliada. Este libro no va de pasarse la vida limpiando, sino de limpiar mejor para tener más tiempo libre para nosotros. Porque estoy convencida de que una de las formas más fáciles que tienes para alcanzar la paz mental y sentirte bien es que tu casa esté reluciente y huela a limpio.

¿Suena bien? ¡Venga, pues empezamos!

1

¿Por dónde empiezo?

Vamos a empezar hablando de la limpieza en general, es decir, de lo más básico que puedes hacer para tener la casa limpia. Pon que tú te despiertas una mañana y te dices: «Venga, hoy voy a limpiar mi casa». Y, entonces, te preguntas: «¿Por dónde empiezo?». Porque por todos los lados ves que hay algo que tienes que arreglar. Pues bien, lo primero que debes saber es que, **para limpiar, es muy importante seguir un orden.** Porque si limpias un rincón de la cocina y luego te vas a la habitación de al lado y solo haces una cama, al final pierdes tiempo. Es importante que optimices tanto como puedas, para que el proceso no se vuelva pesado. Piensa que cuanto menos tiempo utilices para limpiar, mejor, porque más tiempo libre tienes para ti. Así que, vamos por partes.

Lo primero de todo es abrir las ventanas y destapar las camas. Ventilar es superimportante. Cuando tú entras en la casa de alguien, lo primero que notas es si en esa casa se abren las ventanas o no, porque si no se ventila, la casa enseguida huele a cerrado. Para que una casa esté limpia, se tiene que poder respirar aire puro. Además, el aire se debe renovar cada día, para que no se acumulen bacterias dentro de casa. Muchas personas me consultan por mensaje directo sobre este tema. Me dicen que sus casas huelen mal y que no saben qué hacer para que el olor se vaya. Y yo siempre les hago la misma pregunta: «¿Ventilas?». Porque no vale enmascarar con ambientadores si tienes todo el día la ventana cerrada. El ambientador no va a eliminar el olor. Lo va a camuflar, pero va a volver a aparecer más tarde.

Hay teorías que dicen que con 15 minutos ya es suficiente. A mí lo que me suele pasar es que me pongo a limpiar y cuando me quiero dar cuenta, la ventana ya lleva una hora abierta, pero por norma general, **con que se ventile entre 15 y 30 minutos, ya sería suficiente**. Al final, el tiempo dependerá del espacio. Por ejemplo, la cocina, que huele más a comida, o el dormitorio, después de haber dormido y haber estado cerrado toda la noche, necesitarán un poco más de ventilación, pero el salón, que no tiene tanto paso a lo largo de la noche, puede que no necesite tanto. Además, según la estación del año en la que nos encontremos, habrá horas mejores y otras peores para ventilar. En verano es mejor abrir lo más temprano posible, pero en invierno, si abres muy temprano el frío se mete dentro de casa, así que si puedes esperar un poquito y hacerlo más tirando al mediodía, mejor.

¿Ya has abierto las ventanas? Bien, pues seguimos. Yo hago una cosa que es un poco de abuela, pero te la cuento por si te sirve: a mí me gusta limpiar de fuera para dentro. O sea, empiezo por la parte que queda más cerca de la calle y termino por la parte interior. Eso en realidad es una manía. Mi abuela siempre me ha dicho que lo hiciese así, porque se supone que da buena suerte y ahora ya me he acostumbrado a hacerlo de este modo. Si la casa tiene dos plantas, mejor también limpiar de arriba abajo. Ahora mismo, yo vivo en una casa pequeña, así que lo tengo más fácil para organizarme. En mi caso, lo primero que hago es el baño, luego el salón, sigo con los dormitorios y lo último es la cocina porque, sinceramente, es lo que menos me gusta. Yo es que soy de las que piensa que es mejor empezar por lo más fácil y dejar lo difícil para el final. Si tú prefieres seguir otro orden, hazlo, porque **lo importante no es el orden en sí, sino hacerlo siempre igual**, para que cojas el ritmo y cada vez puedas hacerlo todo en menos tiempo.

Ya has abierto las ventanas, has destapado las camas para que entre el aire fresco a las sábanas y has decidido el orden que vas a seguir para limpiar. Vale, ¿y ahora qué? Pues ahora hay que ordenar. Porque no puedes limpiar bien si hay cosas estorbando por en medio, encima de las mesas o tiradas por el suelo. **Lo primero que hago siempre antes de limpiar una habitación es recogerla.** Y recogerla no significa que haya que ordenar hasta los ladrillos, abrir los armarios y doblarlo todo muy bonito, no. Es que por lo menos saques las cosas de en medio, para que cuando vayas limpiando no haya nada que te moleste a tu paso y no tengas que volverte loco levantando cosas mientras quitas el polvo o barres el suelo.

Una vez ya empiezas con la limpieza, es importante que lo hagas de arriba abajo. Y esto no es ninguna manía, es porque el polvo va cayendo al suelo. Por eso, la última parte que hago siempre es el suelo o, dicho de otra forma, pasar la aspiradora. Porque yo no barro, yo aspiro. Desde que conocí la aspiradora, ya no sé lo que es un cepillo. La verdad es que la aspiradora es una maravilla, pero volviendo al tema: limpio de arriba abajo, cuando termino paso el aspirador y según la zona que sea de la casa, acabo fregando. Por el baño paso todos los días la fregona, pero en el resto de mi casa los suelos son de tarima y como no es recomendable fregarla a diario, la friego una o dos veces por semana. Así es como lo hago yo, pero es verdad que hay gente que no mancha mucho su casa. En mi caso, entre el perro, la niña y, bueno, mi marido, que es otro hijo más, pues os podéis imaginar. Pero al final, la rutina de limpieza de cada uno dependerá de con quién viva. Si yo viviera sola, créame que no limpiaría tanto.

Esto sería lo más básico que puedes hacer para mantener la casa ordenada y limpia en el día a día, para que cuando entres a tu casa no te vuelvas loco de la cabeza, como me pasa a mí si no está ordenada. En resumen, es intentar que haya un mínimo de orden, que el baño, la cocina y la mesa en la que vas a comer mantengan unos mínimos de higiene, que las camas estén hechas y que en la casa se respire aire limpio. Lo básico para que te sientas tranquilo y sepas que en tu casa estarás sano y salvo. Yo entiendo que no todo el mundo se puede adaptar a mi rutina, porque no todo el mundo tiene una casa como la mía ni un horario como el mío. Y por eso, en este punto viene bien recordar una frase muy típica del mundo de la limpieza: **no es más limpio el que más limpia, sino el que menos ensucia**. Si enseguida que manchas algo, lo limpias, a la larga vas a tener que hacer menos. Si tú y las personas con las que vives seguís esta norma, en el día a día no vas a tener que hacer mucho más que las camas y a lo mejor, poner alguna lavadora.

Todo lo que he estado comentando hasta ahora, yo lo puedo tener hecho en una hora. O sea, que solo necesito una hora de mi tiempo para hacer la limpieza diaria.

Si puedes, lo mejor es hacerlo por la mañana. Yo lo hago después de llevar a mi hija al cole. Si tienes la mañana libre, tendrás más tiempo y podrás dedicarte a hacer alguna cosa más aparte de lo diario, pero si tienes poco tiempo, no pasa nada, porque **en una hora lo puedes tener todo listo.** Yo casi siempre estoy por la mañana en el trabajo y suelo tener entre dos y tres días de descanso. Los días que descanso son los que aprovecho para hacer alguna cosa de limpieza un poquito más profunda, como pasar todo el polvo o limpiar el baño a fondo. Y si ya quiero hacer una limpieza profunda, profunda, de esas de voy a meterme en la cocina y voy a limpiarlo todo, utilizo un día entero libre.

En general, a mí me gusta marcarme unas horas para limpiar, porque soy una persona muy organizada. Tanto, que hasta tengo un grupo de WhatsApp conmigo misma, en el que me hago una lista de las cosas que tengo que hacer al día siguiente. Ya sabes, esa lista de la que siempre se quedan cosas sin hacer, porque es tan interminable que es imposible llegar a todas. Pero al menos, me ayuda a marcarme unos horarios y un orden a seguir, sobre todo cuando hago limpiezas más profundas, para no pasarme todo el día limpiando sin parar, porque no todo va a ser trabajar y limpiar.

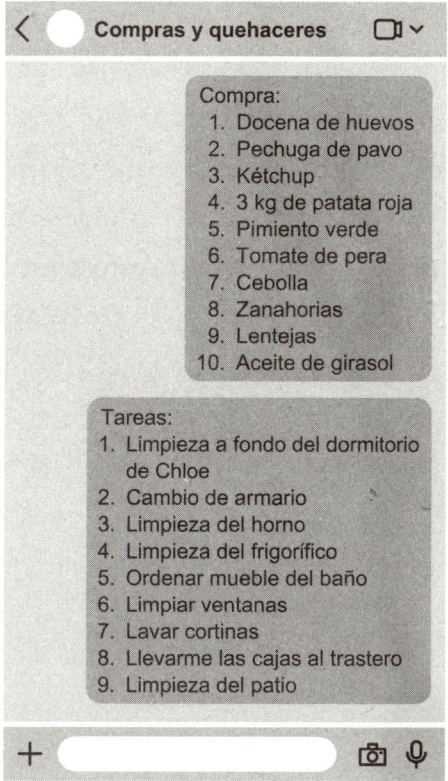

Compras y quehaceres

Compra:
1. Docena de huevos
2. Pechuga de pavo
3. Kétchup
4. 3 kg de patata roja
5. Pimiento verde
6. Tomate de pera
7. Cebolla
8. Zanahorias
9. Lentejas
10. Aceite de girasol

Tareas:
1. Limpieza a fondo del dormitorio de Chloe
2. Cambio de armario
3. Limpieza del horno
4. Limpieza del frigorífico
5. Ordenar mueble del baño
6. Limpiar ventanas
7. Lavar cortinas
8. Llevarme las cajas al trastero
9. Limpieza del patio

Tenéis que pensar que no he hecho este libro para que te pases la vida limpiando, sino más bien, **para que aprendas a organizarte y empieces a tener más tiempo libre para ti.** Si yo me organizo tanto es porque en mis días libres quiero poder estar el mayor tiempo posible fuera de casa. Porque, aunque no lo parezca, soy una persona muy callejera. A mí me gusta la calle desde muy pequeña, porque crecí en una urbanización en la que todos los niños pasábamos mucho tiempo fuera de casa. Y ahora siempre que puedo, pues también lo estoy. Pero claro, en el momento en el que entro por la puerta de mi casa, como soy un culillo de mal asiento, no me voy a tumbar en el sillón. Porque no puedo, me hierve la sangre si me quedo quieta. Si yo tengo tiempo y estoy en mi casa, me voy a poner a limpiar lo que sea o a ordenar cualquier cosa. Y como no quiero eso, lo que hago es organizarme lo mejor que puedo para que la limpieza se haga más llevadera, más rápida y me deje tiempo libre para hacer lo que me apetezca con mi familia y mis amigas. Suena bien, ¿verdad? Pues cuando lo pruebes, verás.

 ¡RECUERDA!

La limpieza más básica de casa consiste en:

1. Abrir las ventanas y destapar las camas.
2. Ordenar.
3. Hacer las camas.
4. Limpiar las superficies que usas cada día, como mesas o encimeras.
5. Barrer o aspirar.
6. Fregar.

Consejos:

✓ Escoge un orden y mantenlo en cada limpieza.
✓ Limpia de fuera adentro y de arriba abajo.
✓ Si tienes aspirador, olvídate de la escoba.
✓ Adapta estas pautas a tus propios horarios y rutinas.

2

Habitación por habitación

Ahora que ya sabes por dónde empezar, voy a contarte a qué me refiero yo cuando digo que me voy a poner a limpiar una habitación. Y es que muchas veces, cuando nos decidimos a limpiar, nos centramos sobre todo en recoger y repasar solo lo que queda más a la vista. Pero al final, **todas las habitaciones de la casa requieren que nos pongamos a limpiarlas con un poquito más de ganas de vez en cuando** porque, aunque no lo veas, el polvo se va a ir acumulando por detrás de los muebles, los cajones se van a ir desordenando y si no vas arreglando eso con cierta frecuencia, el día que te pongas no te va a quedar otra que hacer una limpieza superprofunda, que te va a llevar mucho más tiempo. Como mi objetivo es que esto no te pase muy a menudo, voy a contarte **todas las cosas que debes tener en cuenta cuando decides limpiar bien cada habitación de tu casa,** para que no te dejes ni un solo rincón sin repasar y el esfuerzo que hagas te dure más meses.

A mí me gusta hacer este tipo de limpieza **dos veces al año**. Cuando lo hago, intento hacer dos habitaciones en un día. O a veces, en cinco días, es decir, todas las mañanas de lunes a viernes, me planteo hacerlas todas. Siempre intento evitar pasarme el día entero limpiando, porque si no, es demasiado. Por mi experiencia, te diría que el salón y el baño lo puedes tener hecho en una mañana. Con el dormitorio y la cocina seguramente tardarás un poco más. Aunque eso también dependerá de lo grande que sean cada una de estas estancias en tu casa y de si tienes, por ejemplo, más de un baño. Como tenemos bastante trabajo por delante, dejémonos de historias: aquí empieza la limpieza habitación por habitación.

Dormitorios

El mismo día que escribo esto, estoy con la limpieza del dormitorio de mi niña. ¿Y qué significa eso? Pues, por ejemplo, que hoy es una de las dos veces al año que **retiro todos los muebles para quitar todo el polvo que se acumula detrás**, algo que es especialmente importante para las personas que tienen alergia al polvo y a los ácaros. Otra cosa importante que hay que limpiar en los dormitorios es **el colchón**. Se supone que al menos una vez al año deberías darle la vuelta. Pero antes, estaría bien que también lo limpies con oxígeno activo desinfectante, porque así no solo eliminas las bacterias y ácaros que pueda tener, sino que también eliminarás las manchitas amarillas que se le van haciendo con el uso. Una vez le hayas aplicado el producto, dejas que el colchón se airee todo el día y por la noche, antes de acostarte, vistes la cama y ya tienes el colchón limpio.

Hay gente que aprovecha los días que limpia en profundidad las habitaciones para **repasar las paredes**. Yo eso solo lo hago si la pared está muy sucia o tiene una mancha. En ese caso, le paso el borrador mágico o un trapo con un poco de agua. Pero, en general, no soy mucho de limpiar las paredes, sino más bien de pintar cuando toca. En lo que sí que me centraría seguro es en **las ventanas**. Yo sé que hay gente que las limpia semanalmente, pero yo no. Normalmente lo hago como mucho cada tres meses. Y cuando me pongo, limpio el cristal por dentro y por fuera, el marco y también la persiana. Para la persiana, el proceso dependerá del tipo en particular que tengas en casa. Las mías son de las que se enrollan y por eso, abro el cajetín y voy subiendo y bajando la cuerda para ir repasando tanto el interior como el exterior de la persiana. Para esta parte, suelo usar desengrasante u oxígeno activo. A mí es que el oxígeno activo me gusta mucho, sobre todo si es desinfectante, porque arrastra bien la suciedad y encima desinfecta. Un dos por uno. Aunque de esto ya hablaremos mejor un par de capítulos más adelante.

Otra de las cosas que nos tocará hacer en los dormitorios es **ordenar**. Ahora que estoy con el cuarto de mi hija, que necesitaba con mucha urgencia esta limpieza de la que os hablo, me doy cuenta de que lo que más falta le hace es ordenar y clasificar las cosas que tiene, tirar lo que se le ha roto y dar lo que ya no usa, para hacerle espacio a lo nuevo. Porque acumular y acumular y acumular, lo único que hace es que tengas más cosas y lo veas todo más desordenado. Y, al final, con tantas cosas por todas partes lo único que consigues es que se te abarrote la mente. Entre las cosas que hay que ordenar, una de las más importantes es **la ropa**. Yo a la ropa le doy un año. Si en un año no me la he puesto ni una sola vez, fuera. Se la suelo dar a mi hermana y a mis sobrinas. Y en el cuarto de mi hija, hago lo mismo con sus **juguetes**. Cuando veo que lleva un año sin jugar con ellos, los donamos o se los damos a amigos que tienen hijos más pequeños y así dejamos espacio para que puedan entrar cosas nuevas. Lo suyo es que cuando vayas a ordenar juguetes, lo hagas con tus hijos, al menos a partir del momento en el que empiecen a tener más conciencia de sus cosas. Mi hija ahora tiene siete años, así que las dos últimas veces ya lo hemos hecho juntas. Ella se viene conmigo, cogemos una bolsita para ir echando las cosas que hay que tirar y juntas vamos seleccionando lo que se guarda y lo que ya no sirve. Yo le voy ayudando a colocar mejor las cosas que se quiere quedar y a clasificarlas, porque siempre llega un momento en el que todo se mezcla. A ella le encanta que nos pongamos a ordenar sus cosas. Se ve que en eso ha salido a su madre.

Volviendo a la ropa, el dormitorio también incluye la **limpieza del armario,** que yo suelo hacer dos veces al año, aprovechando que me toca hacer el cambio de la ropa de invierno a la de verano o al revés. Saco toda la ropa, limpio el armario por dentro y luego, clasifico la ropa, aparto todo lo que ya no voy a guardar y meto toda la ropa bien ordenada. Y en mi caso, lo último sería ordenar las cosas que hay guardadas en el canapé y limpiarlo. La **limpieza del canapé** también es importante, porque es una zona que puede coger humedad. Lo suyo es limpiarlo con oxígeno activo y si quieres, también puedes poner un deshumidificador. El día que limpio el canapé, suelo dedicarle una mañana completa, porque sacarlo todo, guardar las sábanas de invierno y los nórdicos y edredones, que envaso al vacío para que ocupen menos espacio, limpiar el canapé y volver a meter todas las cosas dentro, requiere bastante tiempo.

Y con esto, hemos acabado con los dormitorios. Cada uno puede adaptar esto a sus circunstancias particulares. Por ejemplo, un adolescente o una persona que vive sola quizá no tenga juguetes o tenga menos ropa que clasificar, pero seguro que acumula otro tipo de cosas a las que hay que ir echándoles un ojo de vez en cuando. Así que sea cual sea tu situación, esto es lo que tienes que tener en cuenta en los dormitorios para que ni la suciedad ni el desorden te hagan perder el sueño.

Salón

En el salón, es importante **retirar el sofá y todos los muebles**. Al menos, aquellos que se puedan retirar, porque sé que hay personas que tienen muebles muy pesados, que son difíciles de mover. Pero en todo caso, lo suyo es que apartes todo lo que puedas, para eliminar lo mejor posible todo el polvo que se va acumulando tras ellos y otras cosas. Porque lo creas o no, se acumulan cosas detrás. Cuando haces la limpieza del salón, al final siempre acabas encontrando cosas que no sabías dónde se habían metido o que incluso ya ni te acordabas de que tenías. Aquí también tocará **limpiar las ventanas**, igual que hemos hecho en los dormitorios, y **limpiar las paredes**, en caso de que haga falta. Y una vez hecho todo esto, llega el momento de **ordenar**. En mi salón tenemos muebles en los que acumulamos documentos, velas, cajas con aparatos electrónicos, móviles rotos, cargadores y todo ese tipo de cosas. Y está bien sacar todo eso al menos una vez al año, aprovechar que los vacías para limpiar y revisar si seguimos necesitando todas esas cosas o podemos deshacernos de algunas. Por último, el día que te pones a limpiar el salón también es el momento de **limpiar las lámparas**, sobre todo si tienes lámparas de techo que lo necesiten. Las mías son muy fáciles de limpiar, así que con eso no me caliento mucho la cabeza. Y ya está. No ha sido para tanto, ¿verdad? Lo peor va a ser la cocina. Por eso lo estamos dejando para el final.

Baño

El baño es la estancia a la que le damos una limpieza más profunda cada semana o al menos, cada mes. Por eso, a la hora de hacer la limpieza grande, seguramente no será para tanto. ¿Y qué hay que hacer en el baño? Hay que **repasar los azulejos en profundidad**, centrándonos sobre todo en las zonas en las que se suelen hacer manchas de moho y en las esquinas, ya que no se suelen limpiar cada semana. También hay que **ordenar los cajones**, tirar los productos que hayan caducado o se hayan pasado y reorganizarlos, porque del mismo uso, los cajones se van desordenando. Yo siempre los dejo muy bonitos, pero no me duran más de dos semanas ordenados, porque somos muchos los que metemos la mano ahí. Y como vamos corriendo, muchas veces acabamos soltando las cosas en cualquier sitio. Os suena, ¿no? Finalmente, **si tienes ventanas, también tendrás que limpiarlas.** Yo en mi caso no tengo ventana en el baño, así que una cosa que me ahorro. Y poco más. Ya os he dicho que el baño sería muy fácil.

Patio o balcón

Además de las habitaciones, también debemos tener en cuenta el patio o el balcón, si es que lo tenemos. Yo tengo un patio chiquitito y un par de veces al año **muevo de sitio las plantas,** para que no pasen ni frío ni calor. También **limpio los poyetes en los que están las macetas y el suelo más en profundidad,** porque durante el año solo riego las plantas y limpio un poco el suelo con la manguera, así que dos veces al año sí que me gusta limpiarlo un poco mejor. Como no es una zona en la que nosotros pasemos demasiado tiempo, con un mantenimiento básico es más que suficiente. Si tuviese un jardín, ya sería distinto, porque un jardín requiere su tiempo.

O un patio que sea más grande que el mío, donde se puede salir a comer y hacer vida en él, ya supondría una limpieza un poco más detallada. Todo depende del uso que le des. Cuanto más uso, mejor tendrás que limpiarlo.

Cocina

Y para acabar, vamos con la parte de la casa que menos me gusta: la cocina. No es solo el final de este capítulo, sino también la última habitación de la casa con la que me pongo. No sé cómo lo hago, pero siempre me la dejo para el final. ¿Por qué? Porque no la soporto. Pero por mucho que me moleste, hay que limpiarla, porque **es el sitio de la casa donde se acumula más suciedad**. Se dice que hay más bacterias en la cocina que en el baño. Y es normal, porque en la cocina se preparan y cocinan un mogollón de alimentos cada día y, además, también es una zona de paso frecuente, así que imagínate lo que se puede llegar a acumular ahí si no la limpias bien. Mientras escribo esto, veo mi cocina por el rabillo del ojo y me doy cuenta de todo lo que hay que hacer cuando decidimos ponernos en serio con ella.

Podemos empezar por **los azulejos que quedan justo encima de los fogones,** que es una zona en la que se acumula mucha grasa y suciedad. Para limpiarla, yo uso una mezcla de vinagre y agua tibia, con unas gotitas de lavaplatos. También le podrías echar a esta mezcla una rodaja de limón. Si limpias los azulejos de la cocina con esto, te van a quedar estupendos. En cuanto a **los muebles,** acuérdate de limpiarlos de arriba abajo, como hemos comentado en el capítulo anterior. Yo tengo un altillo, así que lo primero que hago es retirar todo lo que guardo ahí y limpiarlo bien. Y lo mismo con el resto de los muebles: es importante ir vaciándolos, limpiándolos con la misma mezcla de los azulejos o con oxígeno activo, revisar si algo de lo que estaba guardado se tiene que tirar y, por último, aprovechar que lo vuelves a colocar todo para clasificarlo. Porque ya que lo metes, pues mejor que lo metas todo ordenado. Los muebles de la cocina también tienden a desordenarse muy rápido, porque los usamos muchísimo.

Cuando ya hemos acabado con los muebles, podemos empezar con **los electrodomésticos.** Lo primero sería **la campana extractora.** En la campana se acumula muchísima grasa, sobre todo si cocinas cada día. Hay gente que a lo mejor come siempre fuera de casa y cocina poco, o que quizá solo cocina los fines de semana y tiende a acumular y a ensuciar menos, pero si cocinas todos los días, lo suyo sería que, si puedes, hagas una de estas limpiezas una vez al mes. Para limpiarla, tendrás que retirar los filtros y echarle quitagrasas tanto a la zona interior como a los filtros. También podrías hervir agua con rodajas de limón, para que el vapor ayude a desprender la grasa. Esta opción es más ecológica y también funciona bien. **La vitrocerámica** probablemente ya la estés limpiando todos los días, pero lo que sí que podrías hacer es entretenerte a pasar un palillo por los lados, porque ahí se suele acumular bastante suciedad. Y con **el microondas** tampoco se tarda mucho. En el siguiente capítulo, hablaremos un poco más de él.

La nevera y el horno son los electrodomésticos que más tiempo requieren. Para hacer la limpieza del horno, lo precaliento a una temperatura de entre 50 °C y 100 °C durante unos cinco minutos sin nada dentro y una vez está caliente, le echo un producto específico para limpiar hornos y lo dejo reposar al menos una hora. A veces, lo hago por la noche, antes de irme a dormir, y lo aclaro al día siguiente. Precalentar es la única forma de poder quitarle la suciedad más incrustada. Y para el frigorífico y el congelador, te recomiendo que aproveches para limpiarlo cuando haya poca comida. Así, cuando tengas que sacar los productos, no tendrás que sacar tantas cosas y eso te facilitará un poco el proceso. Yo lo limpio con oxígeno activo, porque además de limpiar, también elimina los olores. Lo suyo es que saques todas las bandejas, las limpies una a una y luego le des una pasada al interior. Es importante que desenchufes la nevera antes de ponerte con la limpieza, más que nada, para evitar riesgos innecesarios.

Si tienes **freidora de aire**, también deberías aprovechar el momento que te pones con la cocina para darle un repasito más profundo. Y para **el lavavajillas y la lavadora**, lo mejor es que hagas un lavado en vacío y que limpies los filtros, los cajetines, el tambor en el caso de la lavadora y las aspas en el caso del lavavajillas. Esto estaría bien hacerlo más o menos una vez al mes, pero si no puedes, al menos deberías hacerlo cada tres meses, aunque en ese caso es probable que tardes un poco más.

Una cuestión de tiempo

¿Qué otras cosas se podrían añadir a la limpieza de las habitaciones? Los pomos, los marcos de las puertas, los rodapiés, los cuadros, si los tienes… En general, todas esas zonas que están en la casa, pero que en tu día a día parece que no existen. Y es que al final, la limpieza por habitaciones consiste justamente en dedicarle un poco de tiempo a todo aquello a lo que no solemos dedicárselo cada día, para que nos podamos olvidar de que existe y que la suciedad no salte a la vista.

Al final, **el tiempo es clave para sentirte feliz con la limpieza de tu casa.** Para no agobiarte, para no saturarte, para no tenerle miedo a este trámite por el que todos tenemos que pasar. Así que si tú no puedes con todo esto, ya sea por motivos laborales o familiares, y tienes la posibilidad, te recomiendo que no te comas mucho la cabeza y contrates a una persona para que te eche una mano, sobre todo con las cosas que requieren un mantenimiento más profundo. Si a mí no me diese la vida para hacerlo y una profesional de la limpieza me cobrara alrededor de 50 euros por hacer una limpieza a fondo de la cocina, yo se los pagaría bien contenta. Le daría un beso al billete y le diría: «Toma, para ti». Porque al final es una inversión en tu tranquilidad. Y si tú puedes hacerla, pero te parece que es demasiado para ti solo y crees que vas a necesitar ayuda, pídela. Yo lo he hecho de las tres formas: limpiando yo sola, limpiando con la ayuda de una profesional o dejando que esa persona lo haga sola. Y cualquiera de las tres opciones es igual de válida. Al final, todo depende de cuál sea tu situación. Pero si necesitas ayuda, es importante pedirla.

 **¡RECUERDA!**

Esto es lo que debes tener en cuenta cuando te pongas a limpiar tu casa habitación por habitación:

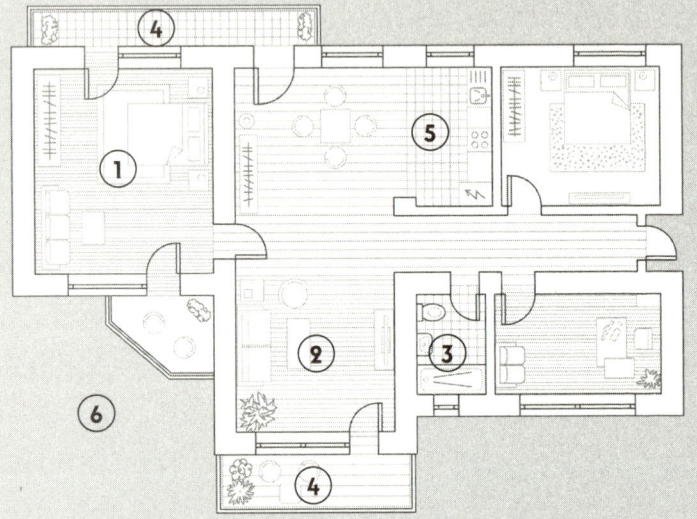

1. Dormitorios

✓ Retirar los muebles para limpiar el polvo.

✓ Limpiar y girar el colchón.

✓ Repasar las paredes, si es necesario.

✓ Limpiar las ventanas.

✓ Limpiar y ordenar armarios y cajoneras.

✓ Limpiar y ordenar el canapé, si lo tienes.

2. Salón

✓ Retirar el sofá y los muebles para limpiar el polvo.

✓ Limpiar las ventanas.

✓ Limpiar las paredes, si es necesario.

✓ Limpiar y ordenar los muebles.

✓ Limpiar las lámparas.

3. Baño

✓ Limpiar los azulejos en profundidad.
✓ Limpiar y ordenar los cajones.
✓ Limpiar las ventanas, si tienes.

4. Patio o balcón

✓ Reubicar las plantas según la estación del año.
✓ Limpiar el suelo y los muebles que tengas en profundidad.

5. Cocina

✓ Limpiar los azulejos que quedan tras los fogones.
✓ Limpiar y ordenar los muebles.
✓ Limpiar todos los electrodomésticos:
  • Campana extractora.
  • Vitrocerámica o fogones.
  • Microondas.
  • Nevera.
  • Horno.
  • Freidora de aire.
  • Lavavajillas.
  • Lavadora.

6. Extras

✓ Pomos.
✓ Marcos de las puertas.
✓ Cuadros.
✓ Rodapiés.

 Consejos:

Si no te da la vida para limpiarlo todo y tu situación económica te lo permite, no te comas el tarro: pide ayuda.

3

Mis rutinas de limpieza

Ha llegado el momento de que te organices para saber qué te toca hacer en cada ocasión, ya que **hay cosas que tienes que llevar al día, pero hay otras que con que las limpies una vez al mes, al trimestre o incluso al año, será más que suficiente.** Las rutinas de limpieza que yo hago y que te propongo a continuación son un combo entre lo que le he visto hacer a mi madre y lo que me funciona a mí misma. Al final, el objetivo es que no te vuelvas loco limpiando, porque si pretendes hacerlo todo a la vez, al final no haces nada. O te organizas o es un caos. Por eso, para mí es tan importante marcar y llevar unas buenas rutinas de limpieza. Y sé perfectamente que las limpiezas profundas son las peores, pero al final, **si tú llevas bien la rutina diaria, cuando hagas las profundas ya no será tan caótico ni tedioso,** porque como irás manteniendo la casa limpia y ordenada, ya no habrá tanta suciedad que limpiar ni tantos trastos que organizar. Ahí está la clave.

Como ya te he avanzado antes, hay algo que para mí es sagrado: el fin de semana. Los sábados y los domingos hacemos las camas, recogemos, ponemos el robot a pasear y poco más. Quizá dejo alguna lavadora puesta, pero ya está. Sin un poco de descanso y de disfrute, nada de lo que yo te cuento aquí tendría sentido. Por eso, **te recomiendo que le des más caña a la limpieza entre semana,** para que los fines de semana disfrutes de tu familia, de tus amigos, de la calle… O incluso de estar en tu casa tumbado sin hacer nada, que a mí eso me cuesta un poco de trabajo, no voy a negarlo, pero esto va de ti y de que en tu tiempo libre puedas hacer lo que quieras. ¿Y cómo es mi rutina de lunes a viernes? Pues cada día hago la rutina de limpieza diaria, que se parece bastante a lo que he comentado en el capítulo anterior y, además, me concentro en limpiar mejor una zona de la casa. Vamos día a día.

Rutina diaria y semanal

LUNES	
Baño	• Doblar las toallas. • Limpiar los sanitarios. • Barrer y fregar.

LUNES	

Salón
→ Limpieza
semanal
	• Repasar el polvo del recibidor y del salón:
	  ○ Preparar un barreño con agua tibia y vinagre de manzana.
	  ○ Repasar todos los muebles, puertas y cuadros.
	  ○ Retirar el sofá para barrer por detrás.
	• Recoger lo que haya por en medio.
	• Doblar las mantas.
	• Poner bien los cojines.
	• Echar ambientador textil.
	• Pasar el aspirador.

Dormitorios	• Cambiar las sábanas. • Hacer las camas. • Doblar la ropa limpia. • Echar ambientador textil. • Pasar el aspirador.
Cocina	• Poner el lavavajillas. • Recoger lo que haya por en medio. • Poner la lavadora. • Barrer y fregar.

Los lunes siempre cambio las sábanas. **Es importante que las sábanas se cambien una vez a la semana** por motivos de higiene. Da igual el día que elijas, pero yo me he acostumbrado a hacerlo todos los lunes. Aunque antes de cambiar las sábanas, primero recojo el dormitorio. Y siguiendo con mi rutina diaria, también recojo la cocina y el baño. ¿Qué significa eso? Pues que me aseguro de que esté la encimera limpia, de que no haya platos sucios, de que los sanitarios estén limpios… Vaya, lo que ya hemos comentado en el capítulo anterior. Esto es solo cuestión de planteártelo y convertirlo en parte de tu día a día. Respecto a la cocina, sé que hay gente que recoge conforme acaba de comer o cenar y que hay otra gente que lo hace a la mañana siguiente, cuando se levanta. Ahí ya cada uno como quiera. Aparte de esto, **los lunes me centro en la limpieza del polvo del recibidor y del salón.** Y lo que hago es retirar un poco los muebles (que yo tengo cuatro), el sofá y quitar bien el polvo. Me gusta que eso se quede hecho el lunes. Para acabar, pongo el robot para que aspire el suelo y listo.

Por cierto, veréis que **cada día le pongo ambientador textil a las camas y al sofá.** Esto es completamente opcional, pero es que a mí el ambientador textil me encanta. La cocina y el baño me gusta fregarlos y barrerlos cada día, porque es baldosa. El resto de la casa, como es tarima, no lo hago todos los días, pero unas cuantas veces a la semana sí. En cuanto al salón, yo para pasar el polvo suelo usar agua tibia y vinagre de manzana, porque para los muebles de madera (como los míos) va muy bien. Y aquí me entretengo a repasar todos los muebles, puertas y cuadros, es decir, todos los filos de los cuadros y los filitos de las puertas.

Hace poco me mandaron un mensaje diciéndome que hiciera una **rutina de limpieza específica para personas que tienen mascotas.** Y me hizo gracia, porque es verdad que tener mascotas cambia un poco tu rutina de limpieza. **Al tener animales, es muy importante pasar el aspirador a diario.** Y, por ejemplo, como yo a mi perro le dejo subirse al sillón, todos los días pulverizo un producto multiusos desinfectante por el sofá y con una bayeta limpia, le doy a todo el sofá. Aunque él solo tiene su esquinilla, yo al final acabo dándole a todo. Me gusta mantenerlo así. Una persona que no tiene mascotas o que pasa poco tiempo en casa, no hace falta que limpie el sofá cada día. Esto es algo que te recomiendo sobre todo en caso de que tengas mascotas.

MARTES	
Baño → **Limpieza semanal**	• Hacer limpieza de cajones. • Limpiar los azulejos, con agua caliente y vinagre a partes iguales. • Limpiar la mampara con la misma mezcla. • Limpiar el plato de ducha con piedra blanca. • Limpiar los sanitarios con oxígeno activo o lejía. • Cambiar las toallas sucias. • Añadir ambientador a los sumideros. • Barrer y fregar.
Salón	• Recoger lo que haya por en medio. • Doblar las mantas. • Poner bien los cojines. • Echar ambientador textil. • Pasar el aspirador.
Dormitorios	• Hacer las camas. • Doblar la ropa limpia. • Echar ambientador textil. • Pasar el aspirador.
Cocina	• Poner el lavavajillas. • Recoger lo que haya por en medio. • Poner la lavadora. • Barrer y fregar.

El martes toca una limpieza más a fondo del baño. Eso incluye la limpieza de los cajones: los abro, saco lo que haya dentro, limpio un poquito y reviso si hay algo que tenga que tirar, como una crema caducada o algún producto que se ha acabado. También le doy un poquito a los azulejos. No es que tengas que ponerte a limpiar los azulejos a fondo, pero sí está bien que le des una pasada sobre todo a la zona de la ducha y a la zona donde está el lavabo, ya que en esas zonas con el tiempo se puede acumular un poquito de moho. El resto de azulejos basta con que los limpies una vez al mes. A los azulejos les puedes dar con algún producto que tenga cloro, aunque para mí, la mejor forma de hacerlo es calentando agua y vinagre en el microondas y cuando la mezcla ya está calentita, humedeces un paño con ella, lo pasas por los azulejos y verás que quedan muy brillantes. Y para los sanitarios, lo mejor es usar oxígeno activo o lejía, aunque yo prefiero el oxígeno activo desinfectante. Para la mampara y el plato de ducha, uso la piedra blanca. No hace falta que tomes nota de lo de las mezclas y los productos específicos para cada superficie, porque lo hablaremos mejor en otro capítulo. Por último, sustituyo las toallas, echo ambientador, paso el aspirador y friego.

Un **truquillo** para todos aquellos que, como yo, tengáis **mampara de cristal**: si cada vez que te duchas le das al cristal una pasada con el aparato limpiacristales, las gotas de cal no se quedan marcadas y cuando haces la limpieza semanal con la piedra blanca tienes que rascar menos rato.

MIÉRCOLES	
Baño	• Doblar las toallas. • Limpiar los sanitarios. • Barrer y fregar.
Salón	• Recoger lo que haya por en medio. • Doblar las mantas. • Poner bien los cojines. • Echar ambientador textil. • Pasar el aspirador.
Dormitorios	• Hacer las camas. • Doblar la ropa limpia. • Echar ambientador textil. • Pasar el aspirador.
Cocina **→ Limpieza** **semanal (1/2)**	• Limpiar el microondas, calentando dentro un cuenco de vinagre de limpieza con una rodaja de limón durante 5 minutos y pasando una bayeta después. • Repasar el horno, con limpiahornos, piedra blanca o algún quitagrasas. Importante: dejar airear siempre después de limpiar. • Poner un lavado en vacío en el lavavajillas, añadiendo bicarbonato, dejando actuar 5 minutos y añadiendo después medio litro de vinagre de limpieza. Así queda impoluto. • Poner el lavavajillas. • Recoger lo que haya por en medio. • Poner la lavadora. • Barrer y fregar.

El miércoles donde me meto más profundo es en la cocina. Lo que limpio más a fondo semanalmente es el microondas, porque nosotros lo utilizamos mucho. Es muy fácil: en un recipiente pones agua con vinagre y una rodajita de limón, lo metes cinco minutos en el microondas y queda superlimpio. Le pasas un pañito a las paredes y el platillo, que lo puedes meter en el lavavajillas, y ya lo tienes perfecto.

En cuanto al horno, intento que no se me ensucie mucho, pero es muy complicado. Aunque pongas papel de horno, al final se acaba manchando algo. Intento darle todas las semanas, pero a veces no me da la vida, así que al menos lo hago una vez cada dos semanas o una vez al mes. Vamos, cuando puedo. Cuando te pongas tú, ten en cuenta que **al horno tienes que echarle algún limpiador.** Yo primero lo precaliento un poco y una vez apagado, le echo el limpiador, lo cierro, lo dejo cinco minutillos y luego lo empiezo a limpiar. Pero claro, como para limpiarlo tienes que estar rascando, siempre se te va mucho tiempo. Por eso, muchas veces solo le doy una pasada rápida y cuando puedo ya le hago una limpieza más profunda. Y con la freidora de aire, lo mismo, cada semana le doy una mijilla para quitar el grueso de la suciedad, y ya está.

Otra cosa que me gusta es **poner cada semana un lavavajillas vacío,** para que se limpie bien por dentro. Lo bueno es que se puede hacer con productos como el bicarbonato y el vinagre. Existen también productos específicos para lavarlos y algunas veces los uso, pero si no tengo ninguno a mano, uso bicarbonato y vinagre, porque sé que con eso ya queda superbién. Es que el lavavajillas, yo no sé vosotros, pero en mi caso, como no lo limpie en vacío de vez en cuando, la vajilla no me sale limpia.

JUEVES	
Baño	• Doblar las toallas. • Limpiar los sanitarios. • Barrer y fregar.
Salón	• Recoger lo que haya por en medio. • Doblar las mantas. • Poner bien los cojines. • Echar ambientador textil. • Pasar el aspirador.
Dormitorios	• Hacer las camas. • Doblar la ropa limpia. • Echar ambientador textil. • Pasar el aspirador.

**Cocina
→ Limpieza
semanal (2/2)**
	• Limpiar la lavadora:
	  ○ Limpiar las gomas de la lavadora con lejía, quitagrasas o vinagre (elige uno, no los mezcles).
	  ○ Hacer un lavado en vacío, poniendo bicarbonato en el tambor, y medio litro de vinagre de limpieza en el cajetín.
	• Limpiar los muebles por fuera con agua y vinagre de limpieza. Si hay alguna mancha, quitarla con el borrador mágico.
	• Limpiar la nevera.
	• Poner el lavavajillas.
	• Recoger lo que haya por en medio.
	• Poner la lavadora.
	• Barrer y fregar.

El jueves hago la segunda parte de la cocina, porque si no el miércoles tardaría demasiado. En mi caso, ahí entraría también la lavadora, porque la tengo en la cocina. Igual que al lavavajillas, **a la lavadora cada semana le hago un lavado en vacío**. Eso en mi casa es superimportante, porque yo tengo una lavadora secadora y en la goma se me quedan muchas pelusas, que a veces son oscuras. Y si después quiero poner una lavadora de ropa blanca, esas pelusas se le pueden pegar a la ropa y estropearla.

Además, mi marido es mecánico de motos, así que te puedes imaginar la ropa que me trae. No me queda otra: cuando termino de lavar su ropa, pongo un lavado en vacío para que se limpie la lavadora, porque si no, toda la grasa que trae, el aceite y toda la demás suciedad al final puede acabar dañando el resto de ropa que lavamos. Bueno, no es que pueda pasar, es que me ha pasado. Y esto es ensayo y error: cuando te pasa una vez, ya no te pasa más. Aparte, también limpio un poco las gomas. El cajetín y el filtro ya lo dejo para la limpieza mensual. Pero el lavado en vacío y la limpieza de las gomas la hago siempre después de lavar la ropa de trabajo de Raúl.

Otra cosa que está bien hacer con cierta regularidad en la cocina es **darle un pequeño repaso a la nevera**. Hay quien hace la compra semanal y espera a hacer ese repaso justo antes de hacer la compra. Yo misma hago la compra semanal, aunque también es verdad que, al trabajar en un supermercado, te puedes imaginar que al final todos los días me traigo algo. Y aunque no trabajara, creo que también lo haría. Pero sea como sea, hay un día que compro en más cantidad. Si el día de antes de ir a comprar, que es cuando la nevera está más vacía, coges un pañito con oxígeno activo para superficies y lo pasas por las baldas, verás que el día que tengas que hacer la limpieza profunda del frigorífico y el congelador ahorrarás mucho tiempo. Por eso, te recomiendo hacer esto, si no cada semana, al menos cada dos semanas.

VIERNES	
Baño	• Doblar las toallas. • Limpiar los sanitarios. • Barrer y fregar.
Salón	• Recoger lo que haya por en medio. • Doblar las mantas. • Poner bien los cojines. • Echar ambientador textil. • Pasar el aspirador.
Dormitorios → Limpieza semanal	• Limpiar el polvo de mesitas, rodapiés y armario. • Perfilar la ropa del armario. • Hacer las camas. • Doblar la ropa limpia. • Echar ambientador textil. • Pasar el aspirador.
Cocina	• Poner el lavavajillas. • Recoger lo que haya por en medio. • Poner la lavadora. • Barrer y fregar.

Ya solo nos queda el viernes. **Los viernes yo hago los dormitorios más a fondo.** Así que, además de hacer las camas y echar ambientador, limpio el polvo de las mesitas, de los rodapiés y de los armarios. También intento mantener el armario (la parte de mi marido no, pero la mía sí) lo más ordenado posible, así que perfilo la ropa. Porque muchas veces como vas corriendo, no acabas de doblar la ropa como toca o desordenas algún cajón en busca de una prenda concreta. Por eso, está bien que cada poco tiempo devuelvas toda la ropa a su orden habitual. Tampoco es que yo sea de las que ordena la ropa por colores, eso ya es un poco extremo para mí. Tengo amigas que lo hacen y queda superbonito y todo lo que tú quieras, pero al final es muy difícil mantenerlo. Lo que sí que intento es dejarlo más o menos ordenado, porque por el tipo de armario que tengo, mi ropa queda muy a la vista y si no está bien doblada, se ve feo.

Y ya está, porque **los sábados y los domingos para nosotros son de disfrute.** El fin de semana solo hacemos las camas, recogemos lo que haya por en medio y a descansar, a comer con la familia, a tomar algo con los amigos y a estar por todo lo bueno que se nos ocurra. Lo bueno de los fines de semana es que somos varios en casa, ya no lo hago yo sola y eso se nota. En mi caso, como mi marido de lunes a viernes trabaja todo el día y no para aquí ni para comer, entre semana me toca hacer la rutina a mí y es lo que hay, pero los fines de semana, que está él, las cuatro cosas que tenemos que hacer las hacemos en nada. Si vamos a comer fuera o vamos a salir a media mañana, nos levantamos un poquito antes, le dedicamos un ratito entre los dos a todo y fin.

Otras cosas que también serán parte de tu rutina diaria: **sacar la basura, preparar las comidas y, en mi caso, las lavadoras.** Yo casi cada día pongo al menos una, porque entre la lavadora de ropa blanca, la lavadora de ropa negra, la lavadora de toallas, la de sábanas, la de trapos, la de la ropa del trabajo de Raúl, la de ropa de deporte… Si no las fuera haciendo cada día, tendría que quedarme un día entero en mi casa poniendo lavadoras. Lo que intento es **ponerlas siempre cuando empiezo la limpieza** y así se hacen mientras yo avanzo con el resto de cosas, porque como dura justo una hora, cuando termino con la limpieza las tiendo y ya he acabado.

También tendrás que **regar las plantas,** en el caso de que las tengas. Yo tengo plantas y las riego una vez a la semana en invierno y un día sí un día no en verano. Acuérdate también de **revisar el frigorífico e ir tirando todo lo que ya no se pueda comer.** Abrimos el frigorífico constantemente para meter cosas nuevas, pero no lo hacemos tantas veces para sacar las que ya se han puesto malas o han caducado. Y eso es importante, tanto por salud como para que el espacio no se ocupe con cosas que no nos van a servir. Ah, y no te olvides de **fregar el suelo al menos una vez a la semana.** Se supone que el suelo de tarima solo se tiene que fregar una vez a la semana, pero yo al final como tengo al perro, que nos va dejando huellas por todos lados, y a mi hija, que también, lo hago un par de veces a la semana. Y si se me estropea, pues ya me pondré otro, pero yo no puedo ver las huellas en el suelo, porque me puede dar algo.

Sé que no todo el mundo tiene ni siquiera esa hora diaria de la que yo hablo para dedicarle a su casa. Porque, añádele a lo que te estoy contando hacer la comida, la cena, la compra, si tienes niños súmale los deberes, las extraescolares… Y llevar al día tu casa está bien, pero hay que hacerlo sin perder la cabeza, así que no te centres en hacerlo como yo y adapta estas rutinas a tu propia realidad.

Rutina mensual

- Limpiar los electrodomésticos.
- Limpiar los cubos de basura.
- Limpiar las lámparas.
- Ordenar los muebles del baño.
- Ordenar los armarios.
- Revisar y organizar la despensa.

La rutina mensual se centra en todas aquellas cosas que no hace falta hacer cada semana, pero que está bien ir repasando de vez en cuando, para que no se te acumule demasiado trabajo en una sola limpieza. Por lo que respecta a los electrodomésticos, no hay problema si lo hacemos de forma mensual. Y algo que es muy importante hacer como mínimo una vez al mes es **desinfectar los cubos de basura**, porque es un foco en el que se acumulan muchas bacterias y eso puede hacer que la cocina huela mal. De hecho, cuando la gente se queja de que su casa huele mal, ese es uno de los motivos más habituales. En cuanto a limpiar las lámparas, dependerá un poco del tipo de iluminación que tengas en casa. Yo, por ejemplo, en muchas zonas de mi casa tengo plafones y no hace falta limpiarlos tanto. Y en el salón tengo unas lámparas de mimbre, que repaso siempre cuando estoy limpiando el polvo. Hay gente que tiene lámparas mucho más grandes que las mías, en algunos casos de cristal, y en ese caso sí que convendría limpiarlas periódicamente. Aunque si te soy sincera, yo las quitaría directamente, porque solo de pensar en tener algo así en casa y lo que tendría que hacer para limpiarlo me entra el agobio.

Está bien que revises y organices la despensa una vez al mes. Y cuando digo despensa, me refiero a los muebles de la cocina en los que guardas la comida que no va a la nevera, como la pasta, las patatas y cosas así. Hay que abrirlos y mirar de tanto en cuanto si algo ha caducado o se ha puesto mal. Aquí no se trata tanto de limpiar como de revisar lo que tienes y tirar las cosas que ya no sirvan.

Rutina trimestral

- Limpiar las ventanas y las persianas.
- Lavar las cortinas.
- Lavar edredones, colchas y/o nórdicos.
- Limpiar las puertas y los marcos.
- Limpiar debajo y detrás de los muebles grandes.
- Hacer el cambio de armario.
- Revisar y actualizar documentos personales.

Cada cambio de estación, le doy una pasada a las cosas más grandes y pesadas de la casa, como las ventanas, las persianas y las cortinas. También organizo los armarios, reviso toda la ropa que tengo y veo si hay algo que quiera donar. Lo suyo es aprovechar el cambio de armario para hacer esto. Yo normalmente hago dos al año, uno de invierno a verano y otro de verano a invierno, y ahí me pongo a mirar qué dono, qué regalo, qué tiro. Hay cosas que quizá pueden venderse a tiendas de segunda mano o a través de plataformas digitales como Vinted. Eso como cada uno quiera. Además, la limpieza trimestral también puede ser un buen momento para ponerte a limpiar bien las puertas y los marcos, que es algo de lo que nos acordamos poco en el día a día, pero que está bien repasar periódicamente. Por último, también deberías revisar todos los papeles que tengas por ahí, porque a veces se acumulan muchas cosas que no sirven y de vez en cuando está bien irse quitando cositas de en medio.

Limpieza anual

- Limpiar el aire acondicionado.
- Desinfectar y limpiar los colchones.
- Lavar las alfombras y los muebles tapizados.
- Hacer una limpieza profunda por habitación.
- Revisar los seguros del hogar.

Antes de poner el aire acondicionado por primera vez en el año, viene bien abrirlo para limpiarle los filtros, porque ahí se acumula mucho polvo y suciedad. También conviene que hagas el mantenimiento de la calefacción, si la tienes y que inspecciones y repares cualquier daño que tenga tu casa. Al final, la limpieza anual no es más que una puesta a punto de esas cosas en las que no sueles pensar cada día, pero que si por lo que sea tienes la mala suerte de que fallen y tú no has hecho este repaso, te vas a acordar mucho de mí y de este capítulo. Y como no quiero eso, mejor apúntatelas y échales un vistazo una vez al año.

Tanto las limpiezas mensuales, como las trimestrales y la anual, intento hacerlas siempre en días libres o momentos en los que tenga vacaciones, porque si no, no me da la vida. De todas formas, cuando hago estas limpiezas más profundas me las divido en partes, para que sean más llevaderas. Y antes de ponerme con ellas, me gusta organizármelas. Así que primero, me preparo la rutina: **me escribo una lista de las cosas que tengo que hacer y me la pongo en un sitio que sea visible**, como el frigorífico, para mentalizarme de que, por ejemplo, la semana que viene, que tengo vacaciones, me voy a poner el reto de lavar las cortinas y esto y lo otro. Y si lo hago al principio de las vacaciones, después tengo el resto del tiempo para hacer eso que realmente me gusta hacer. Lo que sea, tu hobby, las actividades con las que más disfrutes. Yo prefiero que la limpieza siempre sea lo primero que hago. Y me pasa lo mismo con la limpieza diaria, porque cuando ya estás sentada, tener que levantarte para fregar los platos o poner la lavadora… A mí eso me da muchísima pereza. Mejor lo hago lo primero de todo y cuando he terminado, ya no quiero saber nada.

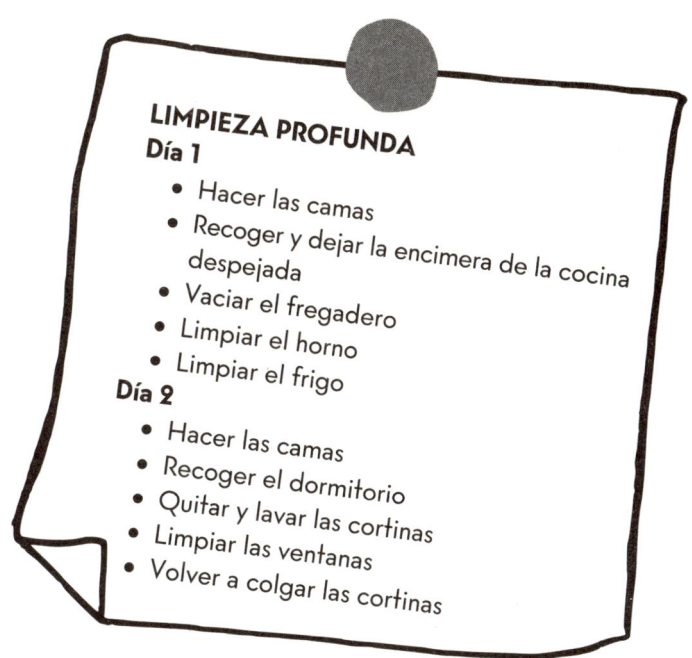

LIMPIEZA PROFUNDA
Día 1

- Hacer las camas
- Recoger y dejar la encimera de la cocina despejada
- Vaciar el fregadero
- Limpiar el horno
- Limpiar el frigo

Día 2

- Hacer las camas
- Recoger el dormitorio
- Quitar y lavar las cortinas
- Limpiar las ventanas
- Volver a colgar las cortinas

Siempre que publico contenidos relacionados con mis rutinas de limpieza en las redes sociales tienen mucho éxito. Se ve que os gusta esto de que os organice las cosas por listas. Y no me extraña, porque a mí también me encanta. Aunque es cierto que cada vez que lo he publicado, también se han generado muchas discusiones. Por un lado, hay quien me dice que es imposible que pueda hacer todo eso. Y por el otro, hay quien comenta que lo que yo hago una vez al mes se tiene que hacer cada día y que le parece una guarrería cómo lo hago yo. Y yo los entiendo a todos, porque al final cada uno hace lo que puede con la situación y la casa que tiene.

Si yo no trabajara y viviera sola, mi casa podría ser un museo, porque me dedicaría exclusivamente a que todo brillara. Ahí sí que tendría la ropa ordenada por colores… No vale la pena que te fustigues por no hacerlo exactamente como yo. Si tus rutinas te permiten que tu casa mantenga unos niveles de higiene adecuados y estar a gusto en ella, es que tan mal no lo estarás haciendo.

 ¡RECUERDA!

La clave para que limpiar tu casa sea más fácil y rápido es tener unas buenas rutinas. Aquí va un repaso de las mías:

Rutina diaria

- ✓ Ventilar toda la casa.
- ✓ Hacer las camas.
- ✓ Poner la lavadora.
- ✓ Lavar los platos.
- ✓ Recoger y ordenar las zonas de paso.
- ✓ Limpiar las superficies de uso más frecuente (la encimera de la cocina, la mesa donde comes, los sanitarios…).
- ✓ Barrer o pasar el aspirador.
- ✓ Sacar la basura.

Rutina semanal

- ✓ Lunes: cambiar las sábanas y limpiar el polvo del recibidor y del salón.
- ✓ Martes: limpiar el baño a fondo.

✓ Miércoles: limpiar la cocina a fondo.
✓ Jueves: seguir limpiando lo que te queda de la cocina.
✓ Viernes: limpiar y recoger más a fondo los dormitorios.
✓ General: fregar el suelo.
✓ Otros: planchar (yo intento hacerlo poco).

Rutina mensual

✓ Limpiar los electrodomésticos.
✓ Limpiar los cubos de basura.
✓ Limpiar las lámparas.
✓ Ordenar los muebles del baño.
✓ Ordenar los armarios.
✓ Revisar y organizar la despensa.

Rutina trimestral

✓ Limpiar las ventanas y las persianas.
✓ Lavar las cortinas.
✓ Lavar edredones, colchas y/o nórdicos.
✓ Limpiar las puertas y los marcos.
✓ Limpiar debajo y detrás de los muebles grandes.
✓ Hacer el cambio de armario.
✓ Revisar y actualizar documentos personales.

Rutina anual

✓ Limpiar el aire acondicionado.
✓ Desinfectar y limpiar los colchones.
✓ Lavar las alfombras y los muebles tapizados.
✓ Hacer una limpieza profunda por habitación.
✓ Revisar los seguros del hogar.

4

El cambio de armario

En un mundo ideal, yo tendría una casa mucho más grande que la que tengo. Y siendo así, **haría un cambio de armario por estación**, es decir, que cada tres meses más o menos revisaría la ropa que tengo, iría guardando las prendas que ya no voy a usar por el cambio del tiempo y sacando las que sí que puedo empezar a necesitar. Pero como mi casa es chica y aquí no tengo tanto espacio de almacenaje, toda la ropa que guardo la tengo que llevar a la casa de mis padres, donde hay mucho más espacio disponible. Y como es un poco pesado tener que ir de un lado a otro con las cajas y las maletas, simplifico el proceso haciendo solo **dos cambios de armario al año: uno en verano y otro en invierno.** Lo que sí que intento es dejar en la parte de arriba del armario de mi dormitorio la ropa de entretiempo y según el tiempo vaya cambiando, voy bajando esa ropa y subiendo las cosas que ya no voy a usar tanto.

Siempre que empiezo un cambio de armario, **lo primero que hago es revisar qué me he puesto y qué no me he puesto de todo lo que tengo ahí metido.** Una cosa que recomiendo mucho para simplificar este proceso es colgar todas las perchas con el gancho del revés a principio de la temporada. A la que te pongas una prenda, ya puedes colgar el gancho al derecho. Así, llegará un momento en el que las únicas perchas que estarán del revés serán las de la ropa que no te has puesto en toda la temporada. Y esa ropa, ya la puedes apartar directamente para dar, porque **si no te la has puesto en un año, es que ya no te la vas a volver a poner.** Tendemos a acumular muchos por si acaso, porque nos apegamos mucho a las cosas. Yo, por ejemplo, tengo una camisita que hace bastante tiempo que no me pongo, pero me gusta y me está costando deshacerme de ella. Por suerte, en mi caso se trata de una sola camisa. Pero si tú tienes más y te da la sensación de que tienes el armario abarrotado, te recomiendo que separes todo eso que ya no te pones y lo dones o lo vendas por aplicaciones de compra-venta de segunda mano.

Ya que me pongo con el cambio de armario, me gusta aprovechar para limpiar el polvo que haya podido ir acumulándose dentro de este. Para eso, saco todo lo que hay en el armario. Y para que no sea una locura, voy por partes. Podríamos decir que mi armario tiene cuatro partes, así que saco la ropa de la primera parte, que sería la que está colgada, limpio el armario, reviso la ropa de la forma que ya os he comentado en el párrafo anterior, vuelvo a meter bien ordenado todo lo que tenga que estar en ese lado y, entonces, ya sigo con la segunda parte, que son las cestitas de tela que tengo para organizar prendas como camisetas o jerséis. En ese caso, el proceso sería el mismo: saco todo el contenido, limpio el polvo, aparto la ropa que ya no me sirve, guardo la ropa que ya no me voy a poner, y meto en las cestas la ropa que sí que quiero tener en el armario lo más ordenada posible. Y así con todo el armario. No te voy a engañar: el cambio de armario siempre es un poco engorroso, así que es normal que no tengas muchas ganas de hacerlo. Pero **ver el armario limpio y ordenado da mucha satisfacción**, sobre todo cuando haces el cambio a la ropa de verano, que es cuando el armario se llena de colores y de vestidos.

La ropa que guardo hasta la siguiente temporada la meto en unas **cajas de tela especiales para almacenar ropa**, que se cierran con cremallera y son transpirables por los lados. Y en esas cajas, siempre meto **bolsitas de organza con arroz, laurel y perlas de olor**. Cada uno de estos ingredientes tiene su función: el arroz evita que la ropa coja humedad, el laurel es para ahuyentar a los bichitos y las perlitas, para que la ropa huela bien. Si son cajas más chiquititas, puedes meter solo una bolsita, pero si guardas la ropa en cajas más grandes, mejor que metas dos o tres bolsitas de estas. En mi caso los abrigos los dejo en una burra que tengo en la cochera de la casa de mis padres, tapados con un plástico para protegerlos. Lo que suelo mover menos son los vestidos largos, para que no se arruguen ni se deformen. Al final, cómo hagas este cambio dependerá mucho del espacio que tengas en tu propio armario. Si tienes uno muy grande, quizá te bastará con mover esas cajas de tela a la zona más alta del mismo. Y si es más pequeño, es probable que tengas que moverlo a algún otro espacio, ya sea otro armario o un trastero.

Las **bolsas al vacío** también son muy útiles en los cambios de armario. Estas bolsas son herméticas: tú metes la ropa doblada en la bolsa, la cierras y le sacas el aire a través de un tapón que tiene incorporado. Normalmente, estas bolsas vienen con un aparato para sacar el aire, pero si tienes aspiradora, es mucho más rápido y cómodo. Yo las uso sobre todo para guardar la ropa de cama, desde las sábanas hasta los nórdicos y edredones, después de haberlos lavado. Así, nos ocupan mucho menos espacio en el canapé. Esto también es muy útil para los jerséis más gordos, que meto en la misma caja de tela una vez he reducido su tamaño. Estas bolsas se pueden encontrar en supermercados e hipermercados, además de en tiendas online. Yo normalmente las compro en pack y vienen distintos tamaños. Van superbién. Algo muy importante es

que todo se guarde limpio y sin olores. Se supone que toda la ropa que tienes en el armario está limpia, porque si no, estaría para lavar. Pero si cuando sacas la ropa del armario, te da la sensación de que huele mal, lo que puedes hacer es colgarla en perchas o tender esas piezas en el tenderete y dejar que se aireen una noche. También existen espráis textiles para eliminar olores, que también podrían ayudarte en estas circunstancias.

Yo **intento guardar toda la ropa siguiendo un orden,** para que cuando la tenga que volver a colocar en el armario me lleve menos tiempo. Por ejemplo, procuro poner todas las camisetas de tirantes juntas, todos los pantalones cortos juntos, todos los bañadores, etc. Y en algunos casos, como el de los bañadores, uso bolsas de plástico individuales, para que queden mejor guardados. Y más allá de los cambios de armario, **una vez cada quince días o al menos una vez al mes, le doy un repaso al orden de la ropa,** porque como a veces vamos corriendo y doblamos la ropa de cualquier modo, trato de detectar las cosas que están mal, doblarlas bien y aprovecho que me pongo con eso para quitar el polvo también, porque si no, no se mantiene y cuando tienes que hacer el cambio de armario es peor. Aparte de la ropa y la ropa de cama, cuando hagas el cambio de armario también puedes tener en cuenta otros objetos de tu casa que quieras adaptar al clima, como las fundas de los cojines o del sofá y las mantas. Y que no se te olviden los zapatos. Yo intento meter todos los pares en sus propias cajas o en cajas de almacenaje de zapatos. En el zapatero de mi dormitorio tengo los zapatos que voy a usar más en mi día a día y los zapatos que no son de temporada los dejo en la parte alta de mi armario. El cambio del armario de mi dormitorio lo suelo tener hecho en una mañana. Y para el de mi hija, quizá bastaría con media mañana, porque su ropa es más pequeña y más fácil de organizar. Como siempre, cuanto más organizado y más mantenimiento le hayas dado a esta parte de la casa, más fácil será el cambio.

Trucos para que tu armario huela mejor

Me gusta mucho tener ambientadores en los armarios y hay varias formas de hacerlos:

1. Usa las mismas bolsitas de organza que poner en la ropa que guardas en las cajas, pero en este caso, solo rellenas de perlas de olor. Si te preocupan los bichitos o la humedad, también podrías usar la combinación con laurel y arroz.
2. Coge un táper y llénalo de arroz, bicarbonato, perlas de olor y laurel, tápalo, hazle agujeros a la tapa y métalo dentro de tu armario.

3. Haz tu ambientador con gelatina neutra: funde las láminas y mezcla la gelatina fundida con suavizante. Deja que se enfríe en moldes y cuando ya tenga consistencia de gelatina, mete los cubitos de ambientador en bolsitas de organza y déjalas en los cajones del armario.

 ¡RECUERDA!

Haz un cambio de armario cada estación o, al menos, dos veces al año, siguiendo este orden:

1. Saca lo que guardas en el armario. Si quieres que sea más fácil, puedes dividírtelo en partes.
2. Revisa toda la ropa y haz con ella tres montones: el montón de la ropa para guardar, el de la ropa que todavía quieres tener en el armario y el de la ropa para dar o vender.
3. Aprovecha que tienes el armario vacío para limpiar el polvo.
4. Mete la ropa que quieres tener en el armario lo más ordenada que puedas.
5. Almacena la ropa que quieres guardar en cajas y guárdala donde corresponda.
6. Deshazte de la ropa que ya no quieres, ya sea donándola, pasándosela a personas cercanas a ti o vendiéndola por aplicaciones de compra-venta de segunda mano.

¡Ah! Y no te olvides de ir repasando el orden de la ropa cada quince días o cada mes.

5

Ordenar y limpiar con niños

Yo soy de las personas que creen que **hay que formar adultos que sepan hacer de todo**. Para que el día de mañana, cuando se vayan de casa, ya sea por estudios o porque decidan que ya ha llegado el momento, no se encuentren en la situación de no saber poner ni una lavadora. Tenemos que aprender a ser funcionales y eso es algo que debería enseñársenos desde muy pequeños, para que las rutinas de limpieza estén integradas en nuestro día a día y la casa no se nos venga encima de sopetón. Esto es algo que nos ha pasado a todos: que nada más independizarnos, nos ha dado la sensación de que la casa podía con nosotros y no llevábamos bien la limpieza. Y eso es porque de pequeños no se nos fueron dando responsabilidades relacionadas con el orden y la limpieza acordes con nuestra edad. Al final, los peques también viven en casa y del mismo modo que forman parte de la vida del hogar, también deberían contribuir a su cuidado. La casa es de todos y, por eso, es responsabilidad de todos que esté limpia y ordenada. No porque tengan menos de dieciséis años tienen que estar sin hacer nada. Además, **si saben manejar un móvil o una videoconsola mejor que cualquier otra cosa en este mundo, también pueden poner una lavadora perfectamente.**

A los peques se les puede empezar a dar pequeñas responsabilidades desde que empiezan a andar. Cuando tienen un año o año y medio, que es cuando ya empiezan a entenderte mejor, ya pueden aprender a tirar su pañal y empezar a recoger un poco sus juguetes. De hecho, en la guardería, a mi hija le enseñaron a recoger los juguetes desde que era muy pequeñita, de una forma lúdica y ayudándose de canciones, porque está claro que la tarea se tiene que adaptar a su edad, pero empezar a hacer estas cositas solos los anima mucho. Y antes de los tres años ya empiezan a desvestirse solos, así que también se pueden ir involucrando en la organización de su ropa. En el momento en el que empiezan a ir al cole, a los tres años, se pueden vestir y desvestir solos, pueden llevar la ropa hasta el canasto de la ropa sucia, también pueden tirar cosas a la basura y te pueden ayudar a hacer la cama, pasándote las cosas y estirando un poco las sábanas con tu ayuda, o a recoger la mesa después de comer, siempre procurando no dejarle cosas que se puedan romper o con las que se puedan hacer daño. Desde que tiene dos o tres años, mi hija también pasea a mi perro conmigo, porque mi perro sabe que no tiene que tirar.

Cuando escribo este libro, mi hija acaba de cumplir siete años y más o menos desde hace un año ya ha empezado a ayudar bastante más. Por ejemplo, me ayuda a sacar la ropa de la lavadora y a tenderla y también mete la ropa sucia dentro de la lavadora. Sus juguetes ya los ordena perfectamente. Y cuando hay que hacer limpieza de trastos, que en mi casa la intentamos hacer una o dos veces al año, ella se pone conmigo a seleccionar las cosas y también a limpiar el polvo. Ese tipo de cosas ya las puede hacer.

En cuanto a la ropa, ya la dobla y la guarda en el armario y en sus cajones. Quizá todavía no lo hace del todo bien, pero no pasa nada, a base de hacerlo lo irá haciendo cada vez mejor. Eso es como en el trabajo: tú cuando empiezas en un trabajo nuevo, no tienes ni puñetera idea de lo que estás haciendo. Por mucho que hayas estudiado y hayas trabajado antes, vas a tener que pasar por un proceso de aprendizaje. Lo único que puedes hacer para solucionar tu falta de experiencia es trabajar, hacer eso que no te sale una y otra vez y así cada vez lo irás haciendo mejor y llegará un momento en el que lo harás perfecto. Por eso, **es muy importante no modificar lo que ellos hacen**, porque aunque a ti te parezca que está mal, para ellos es frustrante ver que deshaces su trabajo. **Si ellos tienen la iniciativa de hacer y de ordenar, hay que tener paciencia y dejarlo tal como ellos lo hayan hecho, porque a base de repetirlo, lo acabarán haciendo bien.** Con la ropa de su armario sí que hay veces que no me queda otra que intervenir un poco, porque según cómo la haya dejado se arruga mucho, pero siempre intento tocarla lo menos posible y dejar que ella siga su propio proceso de ensayo y error.

Lo importante es ir haciéndolo con ellos y que poco a poco, este tipo de tareas se conviertan en una parte más de su rutina diaria. Y siempre podemos buscar formas de ponérselo más fácil. Por ejemplo, hay unos tableros para doblar las camisetas que pueden ayudarles mucho mientras están aprendiendo. Y, por supuesto, **hay que echarle mucha paciencia y no frustrarse si un día no llegamos a todo**, porque hay días y días. Yo intento que cada día antes de ir al cole, mi hija haga su cama y que sea algo que ella coja como rutina, porque es mucho más fácil si lo incorporan a estas edades que si no la hacen nunca ellos y pretendemos que con quince años empiecen a hacerla. A mí eso fue lo que me pasó: siempre me la hacía mi madre y cuando me dijo que me la tenía que hacer yo, me costó muchísimo acostumbrarme. Pero si un día por lo que sea vamos tarde y tengo que hacérsela yo, pues tampoco pasa nada.

Siguiendo las rutinas de limpieza de las que ya hemos hablado en el capítulo 3 de este libro, os comparto **una plantilla de cómo podéis empezar a introducir algunas tareas de limpieza en el día a día de los peques.** Están pensadas para niños y niñas que tengan entre cuatro y siete años. La idea es que vayamos adaptando un poco lo que ellos hacen a las tareas diarias y semanales que te tocan hacer a ti. Por ejemplo, si a mí me toca hacer una limpieza un poco más a fondo del baño, mi hija se viene conmigo y le digo: «Venga, yo voy limpiando y tú vas secando». O si toca limpiar el polvo, le pido que limpie el polvo de su cuarto mientras yo me encargo del salón. También cuando toca cocinar, ella se pone conmigo, me va pasando los ingredientes y va removiendo. Ahora ya empieza a batir los huevos sin que se le caigan, que es un gran avance, porque hasta llegar aquí han tenido que caer muchos huevos. Y así, poco a poco, van entendiendo que las tareas del hogar también son cosa suya.

LUNES	MARTES
Ayudar a preparar el desayuno. Recoger la mesa. Arreglarse para ir al cole. Recoger el dormitorio y hacer la cama. Pasear juntos al perro. Elegir su ropa para el día siguiente. Ayudar a limpiar el polvo de su dormitorio y a cambiar las sábanas.	Ayudar a preparar el desayuno. Recoger la mesa. Arreglarse para ir al cole. Recoger el dormitorio y hacer la cama. Pasear juntos al perro. Elegir su ropa para el día siguiente. Ayudar a limpiar el baño.

MIÉRCOLES	JUEVES
Ayudar a preparar el desayuno. Recoger la mesa. Arreglarse para ir al cole. Recoger el dormitorio y hacer la cama. Pasear juntos al perro. Elegir su ropa para el día siguiente. Ordenar su escritorio.	Ayudar a preparar el desayuno. Recoger la mesa. Arreglarse para ir al cole. Recoger el dormitorio y hacer la cama. Pasear juntos al perro. Elegir su ropa para el día siguiente. Ordenar los cajones de los juguetes.

VIERNES	SÁBADO
Ayudar a preparar el desayuno. Recoger la mesa. Arreglarse para ir al cole. Recoger el dormitorio y hacer la cama. Pasear juntos al perro. Ayudar a ordenar su armario.	Ayudar a preparar el desayuno. Recoger la mesa. Arreglarse para salir. Recoger el dormitorio y hacer la cama. Pasear juntos al perro y darle de comer y de beber.

DOMINGO
Descansar y disfrutar. Solo se hace la cama, se recoge un poco, se arregla y a jugar.

En el momento del desayuno, si tienes microondas, para los peques es mucho más fácil. Mi hija ahora ya coge la leche del frigorífico, la echa en el vaso y se la calienta en el micro sin mi ayuda. No puede cortar el pan, pero sí que puede meterlo en la tostadora, o si va a desayunar cereales, se los puede echar ella en el bol. Todo depende del desayuno que hagas, pero, en general, **pueden ayudar con todas aquellas tareas que no presenten ningún riesgo de quemaduras o cortes.** En este momento solemos comer de una forma más informal, a veces incluso de pie en la cocina, así que nosotros no preparamos tanto la mesa, pero si en tu casa desayunáis todos juntos, preparar la mesa también podría ser otra tarea para ellos, aunque de los cuchillos mejor que os encarguéis los adultos. Y una vez se acaba de desayunar, pueden encargarse de poner en el fregadero la vajilla que hayan usado, e incluso podrían llegar a poner las cosas en el lavavajillas. Por ahora mi hija todavía no sabe ponerlo bien, pero en cuanto crezca un poco más, ya podrá enjuagar su plato y su vaso y ponerlos en el lavavajillas.

Cada noche, ella se prepara la ropa que va a llevar al día siguiente al colegio. Y a la mañana siguiente, se quita el pijama, lo deja en su dormitorio, se viste y se lava la cara y los dientes. Ella todavía no se peina, porque tiene el pelo muy rizado y a la pobre todavía le cuesta, pero si tuviera el pelo liso como yo, ya podría peinárselo prácticamente sola. Quizá todavía no sabría hacerse una coleta, pero sí que podría cepillárselo y ponerse una diadema, por ejemplo. Una vez ya está desayunada, vestida, bien despierta y ya ha dado tiempo a que se ventile un poco su dormitorio, ya se puede poner a recogerlo y a hacer la cama, mientras yo termino de recoger el baño o le preparo la merienda. Y cuando ya estamos listas, salimos de casa con mi perro y lo paseamos mientras vamos andando al cole. Por último, siempre que puedo, intento que colabore en una de las tareas de limpieza que hago cada día. Si tus peques están en casa mientras haces la limpieza, te recomiendo que los involucres en ese momento, porque **es importante que entiendan que eso también es cosa suya.**

Los lunes, mientras yo limpio el polvo de la casa, mi hija se encarga de limpiar el de su habitación. Y como los lunes suele ser el día que cambio las sábanas, también me ayuda con eso. Normalmente, para cambiar las sábanas de su cama siempre espero a que esté ella y así hacemos la cama las dos juntas. Los martes, cuando toca limpiar el baño, como yo uso oxígeno activo, que no es demasiado peligroso, le dejo que pulverice el producto, lo dejamos actuar un ratillo y cuando volvemos, yo voy aclarándolo todo y ella va detrás de mí secando todo lo que yo ya he aclarado. Los miércoles ordena su escritorio. Ella tiene muchos colores, porque le gusta mucho dibujar. Y al final, de cogerlos, usarlos y moverlos de un lado a otro, se acaban desordenando. Por eso, un día a la semana o como mínimo, cada dos semanas, quita todas las cosas que tiene en la mesa, la limpia y ordena todas sus pinturas, rotuladores, lápices, etc.

Los jueves suele ordenar los cajones de sus juguetes, porque de jugar durante el resto de la semana se le mezclan. Por eso, intento que cada semana le dedique un ratito a ponerlos bien. Y los viernes, aprovechamos que es un día que normalmente vamos con un poco menos de prisa y me ayuda a ordenar su armario: ponemos todos los pantalones en un mismo sitio, si hay algo que está mal doblado, lo doblamos bien para que no se arrugue… Hacemos este tipo de cosas, para mantener un mínimo de orden. Además, este es un buen momento para corregirle la forma de doblar y ordenar su ropa sin generarle tanta frustración.

Otras tareas que también está bien que empiecen a hacer ellos es encargarse de ponerle la comida a los animales que tengas en casa, regar las plantas o colocar bien los cojines del sofá. **En general, las tareas siempre son las mismas. Lo único que cambia es que conforme van creciendo, van haciéndolo cada vez con más autonomía y con mucha más gracia.** Por ejemplo, de ocho a diez años ya podrían empezar a meter los platos en el lavavajillas, podrían sacar a pasear al perro solos (si lo pueden hacer muy cerca de casa), guardar la ropa dentro del armario (ya del todo bien), acompañar a hacer la compra y ayudar a colocarla al llegar, ayudar a preparar la cena, pasar el aspirador, poner la mesa, quitar la mesa o recoger el baño después de la ducha. Todo eso también depende mucho de su crecimiento físico. Por ejemplo, mi niña todavía no llega sola al toallero, pero dentro de un par de años seguramente sí que llegará, así que también podrá empezar a colgarse ella sola la toalla en el toallero. También podrá empezar a hacerse la cama sola, a bañarse sola (por ahora no lo hace, por el pelo rizado, pero sino ya lo haría), bajar la basura (si está cerca), preparar su mochila del cole…

A partir de los diez años, que ya empiezan a manejarse mejor solos, te podrían poner incluso una lavadora sin ayuda, porque al final, es menos complicado que cualquier móvil o videoconsola que usen en su día a día. Pueden incluso hacerse una cena rápida ellos solos, porque ahí ya pueden manejar perfectamente un cuchillo o encender el fuego sin hacer ningún desastre. Y ya pueden empezar a tener sus propias responsabilidades en la casa. **La idea es que cuando tus hijos lleguen a la adolescencia, si los tienes que dejar solos unos cuantos días, que no llegues y te encuentres una casa caótica.** Que se puedan valer completamente por sí mismos. Yo lo que quiero es que cuando mi hija tenga quince años, no me necesite para limpiar o cocinar, que pueda hacerlo todo ella sola. Y para conseguirlo, lo mejor es que la evolución entre no hacer nada y hacerlo todo sea lo más progresiva posible.

Existen técnicas que nos pueden ayudar a involucrar a nuestros hijos en las tareas del hogar de una forma más natural, para que se les haga menos pesado, sobre todo a partir de la preadolescencia, que es cuando empiezan a darse cuenta de que lo de limpiar no es un juego, sino un trabajo más que se hace por obligación. Para que no se rebelen, podrías buscar formas de premiar su contribución al orden y la limpieza de la casa. Hay un punto, más o menos a partir de los diez o los once años, en el que ellos empiezan a necesitar dinero, porque quieren ir al cine, de compras, a pasear por el centro comercial con sus amigos... Para que ellos tengan esa paga, que al final les da un pelín más de independencia, puedes acordar con ellos que, a cambio, tienen que ir cumpliendo con una serie de tareas a lo largo de la semana. Igual que yo voy a trabajar y luego estoy en mi casa haciendo cosas, ellos también pueden ir al colegio y luego, por lo menos, encargarse de tener su cuarto limpio y ordenado, con la cama hecha y la ropa doblada y guardada. **Y esto no es para que tú te tumbes en el sofá y ellos se encarguen de todo, sino simplemente para que las tareas estén un poco más repartidas.** Por eso, los premios pueden ser una buena forma de fomentarlo. Al final, todo se basa en negociar con ellos, porque la psicología a esas edades empieza a complicarse. La verdad es que yo le temo mucho a esas edades, aunque todavía no he llegado a ese punto, pero ya me doy cuenta de que mi niña tiene mucho carácter y cuando dice que no, es que no y al final es una pelea. Ya veremos.

Yo iba todos los sábados a hacer la compra de la semana sola con ocho años. Está claro que antes todo era distinto y más si, como yo, vivías en un pueblo donde todo el mundo se conocía. Mi madre me hacía la lista y yo iba. Y poco a poco, fui haciendo más cosas. A partir de los trece años, empecé a fregar los platos cada día. Lo hice hasta que me fui de casa, con veinticinco. Los fines de semana siempre me tocaba limpiar los dos cuartos de baño de la casa y la verdad es que no recuerdo haber dicho nunca que no quería hacerlo. Quizá no lo limpiaba exactamente como a mi madre le hubiese gustado, pero sabía que esa era mi tarea y yo lo hacía. No me mandaba mucho más, a no ser que hubiese alguna temporada en la que no estudiase o no estuviese trabajando. Sin embargo, mi madre nunca me enseñó a poner una lavadora. O sea, que yo hice mi primera lavadora con veinticinco años. Y, en realidad, hubiese sido inteligente por parte de las dos (sobre todo por la mía) haber aprendido a hacerlas desde antes de independizarme. Lo mismo que cocinar: yo a mi madre la he visto cocinar toda la vida, pero nunca me he parado a ver cómo lo hacía hasta que me fui de casa. Fue entonces cuando tuve que ir a verla y fijarme bien en cómo cocinaba, apuntármelo todo e irla llamando por teléfono de vez en cuando para ir resolviendo dudas. Si hubiese prestado atención a todas esas cosas antes de emanciparme, todo hubiese sido mucho más fácil.

Al final, **todos hemos esperado a ser mayores para ocuparnos de todo lo que tiene que ver con la limpieza, el orden y las rutinas más básicas del día a día.** Pero si tú eso puedes ir enseñándoselo a tus hijos cuando todavía son pequeños, para que de mayores no se convierta en un problema para ellos, pues mejor. A los hijos los vemos muy niños y muy indefensos durante demasiado tiempo. **Es importante que nos demos cuenta de que pueden hacer más cosas de las que nos creemos,** tanto las niñas como los niños, porque antes este tipo de cosas las madres se las enseñaban principalmente a las chicas y luego los chicos cuando salían por primera vez de su casa no sabían ni hacerse la cama. Y eso no es plan. De hecho, esa falta de interés en la limpieza y el orden es justo una de las razones que más llevan a las parejas a pelearse y hasta a separarse. Ese tipo de conflictos innecesarios hay que evitarlos a toda costa y la forma de conseguirlo es ir convirtiéndolo en parte de su día a día desde que son pequeños, para que sean adultos funcionales y no necesiten a nadie al lado que les reclamen que hagan lo que les toca.

> **¡RECUERDA!**
>
> ✓ Puedes darles pequeñas responsabilidades a tus hijos desde que empiezan a andar.
> ✓ Involucra a tus peques en las tareas del día a día y conforme vayan creciendo, ve dándoles más autonomía para realizar esas tareas.
> ✓ Negocia con ellos y premia su contribución a las tareas del hogar para que estén más involucrados.
> ✓ Esto no va de que tus hijos limpien por ti, sino de que limpien contigo, para que la carga esté mejor repartida.

6

Mis productos y utensilios de limpieza favoritos

Esto de la limpieza funciona más o menos como la ropa: tú puedes tener un armario lleno de un millón de prendas de todas las formas y colores o puedes crearte un armario cápsula con una cantidad mucho más pequeña de prendas, pero que te van a servir para un montón de ocasiones distintas. Pues en este capítulo, te voy a explicar con todo lujo de detalles los productos de limpieza que más utilizo, para que luego tú, según tus necesidades y gustos, puedas crearte **tu propio armario cápsula de productos de limpieza.** Y es que existen una serie de productos que, combinándolos de distintas formas, te pueden servir para un montón de situaciones distintas. Y conociéndolos bien, **ya no necesitarás comprar un producto distinto para cada cosa,** con el ahorro de dinero y de espacio que eso conlleva. Esta lista no es excluyente. Yo aquí hablo de mis favoritos, pero hay muchísimos más.

Algunos buenísimos, pero si no están aquí es porque yo no los utilizo tanto. Venga, empezamos.

Oxígeno activo desinfectante

Yo utilizo el oxígeno activo en formato líquido y **siempre me aseguro de que sea desinfectante**, porque no todos lo son. Si es desinfectante, lo indicará en el envase. ¿Y por qué busco que sea desinfectante? Porque a mí no me gusta mucho la lejía y si a las funciones blanqueadora y limpiadora de este producto se le suma la desinfectante, lo puedo usar para los sanitarios. Con el oxígeno activo puedes limpiar el lavamanos, el váter e incluso también el plato de ducha, sobre todo en caso de que sea blanco. Es un producto **suave, pero muy efectivo**. En general, es difícil que te dañe una superficie, a no ser que sea una muy delicada, como sería el caso del mármol. Pero para sanitarios, va perfecto. Y si tienes un suelo blanco, pues también. O si tienes sillas de plástico blancas, le pones un poco en el paño, lo pasas por encima de la silla y te queda genial. Donde más lo utilizo es **en el baño y en partes de la casa que sean blancas**. Por ejemplo, podrías utilizarlo en **paredes**, en **zapatillas**, e incluso en **superficies de polipiel**. Para **desinfectar las papeleras del baño y la cocina** también va bien, porque **elimina los malos olores**.

Mi sofá está cubierto de una tela antimanchas de color gris clarito, pero mi perro se sube constantemente y tengo una niña, así que casi a diario suelo pasarle una balleta con algún producto desinfectante. Y como busco que sea suave, normalmente uso el oxígeno activo. **Si tu sofá es de colores claros, como el beige, o como el mío, se puede utilizar perfectamente.** Si hay alguna mancha, la eliminará y si tienes una mascota a la que le dejes subirse al sofá como yo, te será muy útil para desinfectar. Por eso, también podría serte útil para **limpiar las cortinas de ducha,** en las que se pueden generar bacterias o humedad con el paso del tiempo.

Importante: para usarlo, siempre debes echar el producto en el paño, **nunca se lo eches directamente a la superficie,** sobre todo en caso de que sean telas o superficies más delicadas, porque el producto podría mancharlas, comerse el brillo o incluso el material. Los sanitarios podrían ser la única excepción a esta norma, porque son más todoterreno. Pero, en general, siempre es mejor que no lo echemos directamente sobre la superficie a limpiar.

Jabón natural

El jabón potásico natural va muy bien tanto **para fregar el suelo como para limpiar muebles de madera.** Con que eches una mijilla en un cubo con agua templada, tienes suficiente. Lo bueno es que **además de limpiar, también huele bien**. Aunque si para ti no es suficiente y quieres que huela aún mejor, siempre puedes echarle al agua unas gotitas de suavizante o de aceites esenciales. Este tipo de jabones suelen tener una textura parecida a la vaselina y como la cantidad que se echa cada vez que se utiliza más o menos equivale a una cuchara de café, el producto te dura bastante tiempo. Además, se trata de **un producto muy versátil**, porque tanto sirve para **limpiar**, como para **atrapar el polvo, cuidar las superficies de madera** e incluso para **eliminar manchas de la ropa**. Yo solo lo uso en ropa de color o en vaqueros, por ejemplo, porque como tiene un color anaranjado, prefiero no jugármela con la ropa blanca, pero para el resto de colores va genial. Con este jabón yo he limpiado manchas de chocolate, de helado, de flan, de tomate frito… Para ello, mojas la mancha con agua, coges una cucharadita del producto y con esa misma cuchara, aplicas el jabón sobre la mancha y frotas un poquito. **Con las manchas, lo suyo es siempre frotar un poquitín.**

Un truco: si coges un desodorante de roll-on que se te haya acabado, le sacas la bola, lo llenas con una mezcla de jabón natural disuelto en agua caliente (la proporción es una o dos cucharadas por cada litro de agua) y vuelves a cerrar el roll-on, tienes **un quitamanchas perfecto** y listo para usar en cualquier ocasión. ¡Incluso para viajes!

Vinagre de limpieza

El vinagre de limpieza es **superversátil**. Yo siempre utilizo vinagre de limpieza, porque en el momento en el que se seca, deja de oler, algo que no pasa con el vinagre de manzana o el vinagre de vino. Al ser un producto bastante natural, si vives con animales o con niños pequeños, se trata de una opción de limpieza muy recomendable. Te sirve para todo. Lo puedes utilizar para hacer **mezclas de limpieza** específicas (que comentaremos más adelante), para **limpiar azulejos**, para **limpiar las mamparas**, para **limpiar los espejos**, las **ventanas**, para **abrillantar**, para el **lavavajillas**, para la **lavadora**, para la **vitrocerámica**, para la **campana extractora**, para **eliminar el olor a pipí y el olor a vómito en las tapicerías**… También puede usarse como **sustituto del suavizante de la colada**. De hecho, cuando se trata de lavar ropa de deporte o toallas, es mejor que el suavizante, porque es más respetuoso con los tejidos y, además, **elimina el olor a sudor y a humedad**. En general, es ideal para eliminar los malos olores y asimismo suaviza los tejidos, así que si te gusta, lo puedes utilizar también para el resto de tus coladas.

Cuando lo uso para limpiar la lavadora, echo tres cucharadas de bicarbonato en el tambor y pongo un programa de 30 minutos con la lavadora vacía. Dejo que el bicarbonato se mezcle con el agua caliente durante 10 minutos y entonces, echo medio litro de vinagre de limpieza en el cajetín y dejo que acabe el programa. Cuando abro la lavadora de nuevo, la suciedad y el olor se han ido completamente. Una maravilla.

También hay gente que lo usa en el lavavajillas como abrillantador, aunque en ese caso, hay que ir con cuidado, porque como el vinagre es un ácido, podría comerse el esmalte de la vajilla. Como alternativa puntual para cuando no te quede abrillantador, te puede servir, pero yo no lo recomiendo como un uso habitual. Para lo que sí que lo recomiendo es para limpiar el lavavajillas. Es un proceso muy parecido al de la lavadora: echas el bicarbonato por el espacio de carga, dejas que actúe con el agua 10 minutos, lo vuelves a abrir, echas medio litro de vinagre de limpieza, vuelves a cerrar y cuando lo abras verás que se han eliminado los malos olores y todos los restos de cal. Siempre dejo que el bicarbonato se mezcle con el agua durante 10 minutos, porque si no la mezcla del bicarbonato con el agua actúa muy rápido y el efecto de la limpieza es menos profundo. Si lo haces así, el lavavajillas te quedará brillante e impoluto. Para seros sincera, yo os estoy diciendo medio litro de vinagre de limpieza, pero la verdad es que nunca echo una cantidad exacta. Yo echo un buen chorreón. ¿Y qué medida es un chorreón? Pues lo que tú creas que es suficiente para que el producto actúe como toca, ni mucho ni poco.

El vinagre también va muy bien para **rematar la limpieza de la vitrocerámica**. Si después de limpiarla con la piedra blanca (producto del que también hablaremos en este capítulo), le pasas a tu vitro un pañito humedecido en agua y vinagre, le sacarás un brillo espectacular. Por ese mismo motivo, también me gusta usarlo para **limpiar filtros** u otras partes en las que se acumule mucha grasa. Un poco de jabón de lavaplatos y un chorreoncillo de vinagre de limpieza y eliminarás toda la grasa, toda la suciedad y, además, le darás brillo. También hay muchas personas que lo usan para limpiar el frigorífico, para eliminar bien los olores. A mí para eso me gusta más el oxígeno activo, porque desinfecta, cosa que no hace el vinagre. Pero para gustos, colores. Tú puedes probarlo una vez con vinagre y otra vez con oxígeno activo desinfectante y te quedas con la opción que más te convenza.

Cuando lo uso para limpiar los azulejos del baño, lo que hago es calentar un vaso de agua en el microondas y mezclarlo con un vaso de vinagre y unas gotitas de jabón lavaplatos. Pulverizas la mezcla en los azulejos del cuarto de baño, dejas que actúe y luego lo aclaras. Así los azulejos quedan muy brillantes. Esta misma mezcla también serviría para la mampara e incluso para los espejos y las ventanas. No hace falta que te apuntes estas mezclas, porque más adelante te las comparto todas ordenaditas, como a mí me gusta.

Por último, el vinagre nos puede ayudar a solucionar una de las consultas que más me llegan en Instagram: ¿qué hacemos para quitar las manchas y el olor de vómito y de pipí de sofás, alfombras y demás superficies de tela? Lo primero de todo es retirar el vómito y ver si ha quedado mancha o no. Pase lo que pase, es probable que el olor se quede. Para quitarlo, primero echa bicarbonato sobre el lugar que se ha manchado y déjalo actuar unas 12 horas. Cuando ya haya pasado ese tiempo, retiras el bicarbonato y pulverizas una solución de vinagre de limpieza con agua y jabón o, si lo prefieres, con detergente de ropa, lo frotas un poquito y lo dejas actuar unos minutos. Después lo retiras con agua y dejas que se seque. Puede que tengas que tratar la mancha un poco más, pero lo más probable es que el olor se haya eliminado.

Quizá te preguntes: «¿Y qué diferencia hay entre el limón y el vinagre?». Pues la verdad es que los dos son ácidos y, en consecuencia, el efecto de ambos es muy similar. La diferencia entre los dos reside sobre todo en el olor y en el precio, puesto que el vinagre es mucho más barato, pero el limón huele mejor. De hecho, hay algunas marcas que hacen vinagres de limpieza con aroma a limón y a mí personalmente me gustan bastante.

> **Importante:** cuando uses vinagre, **dilúyelo antes en agua**, para evitar el desgaste de los esmaltes de los objetos que limpies o manchas en las telas. Acuérdate también de mezclarlo con otros productos con función limpiadora, porque, en realidad, **el vinagre por sí solo elimina los olores y abrillanta, pero no es suficiente para limpiar en profundidad**. Y **no lo uses en superficies delicadas**, como el mármol.

Percarbonato

El percarbonato es **agua oxigenada en formato sólido**. Desde que lo descubrí, en mis coladas blancas no falla. Siempre pongo tres cucharaditas, con un dosificador pequeño que tengo de cuando le daba a mi hija leche en polvo y al que le he dado esta segunda vida. Este es uno de mis productos estrella, porque me parece maravilloso. Es **superbarato, muy natural y limpia muy bien**. No es como la lejía o el amoniaco, a los que les tengo muy poco aprecio. **La lejía y el amoniaco son mis dos grandes enemigos.** No soporto su olor. Me pasé toda la infancia oliéndolo, porque antes se usaba muchísimo en las casas. Más adelante, trabajé una temporada en una tienda y como me contrataron desde antes de la apertura, me tocó hacer la limpieza de la obra y me hacían usar amoniaco para todo. Recuerdo llegar a mi casa con un dolor de cabeza terrible por culpa de ese olor. Me parece horrible. Y no creo que sea necesario usar este tipo de productos tan químicos para una limpieza habitual de una casa. Quizá sí lo sea para obras o para superficies más técnicas, pero para lo que nos ocupa en este libro, lo podemos desterrar. Y por supuesto, **ni se os ocurra mezclar nunca lejía y amoniaco**, porque la cosa puede acabar bastante mal.

Pero volvamos al percarbonato. Se puede sustituir por agua oxigenada, la misma que usas para las heridas, pero lo bueno del percarbonato es que es mucho más barato, lleva mucha más cantidad y es más fácil de manipular. Normalmente viene en bolsitas, en algunos casos en botes, y es muy parecido al oxígeno activo, que también es en polvo. Como ya te he avanzado antes, **este producto es superbueno para la ropa blanca o clara**. Dicen que también se puede utilizar con ropa de color, pero yo creo que si lo usas de forma habitual con ropa de colores oscuros o más vivos, al final los pardea. Para colores blancos, beige o vaqueros sí que es muy recomendable. Y además de en las coladas de ropa blanca y clara, yo también lo uso para las toallas, porque **elimina los olores, quita las manchas y blanquea**. Lo que hago es, además de echar el detergente y el suavizante en el cajetín, echo las tres cucharadas de percarbonato en el tambor antes de meter la ropa. También lo podrías echar en el cajetín, pero en general, **cuando uso cualquier tipo de polvo, prefiero echarlo directamente al tambor antes que en la ropa,** porque así te aseguras de que el producto se disolverá bien con el agua y como va más directo a la ropa, penetrará mejor en los tejidos, algo especialmente importante si tu intención es eliminar manchas.

Yo también lo utilizo mucho en mezcla con otros productos, **para quitar las manchas amarillas de la ropa, de los colchones o de las fundas de las almohadas.** En un bol pones agua caliente, le echas una o dos cucharadas de percarbonato, lo disuelves bien, añades unas gotas de jabón de lavaplatos o de detergente y un chorreón de vinagre. Frotas la mezcla en la mancha, lo dejas actuar 15 minutos y cuando vuelvas, seguramente no te hará falta ni que pase por la lavadora, porque la mancha se habrá ido. Ya te lo he dicho: una maravilla. Esto también es muy útil para esa ropa que se ha quedado mucho tiempo guardada en el armario y ha acabado amarilleándose. También va muy bien para la colada de las bayetas, para limpiar la fregona o incluso para salvar esos tápers que llevan mucho tiempo con comida pegada dentro, porque te los has dejado olvidados en una mochila o en la oficina.

Importante: este producto **funciona mucho mejor en agua caliente**. De hecho, su fórmula **se activa a partir de los 40 °C**. Así que siempre que lo vayas a usar, te recomiendo que lo hagas con agua que esté al menos a esta temperatura.

Jabón lavaplatos

Normalmente se le llama jabón lavaplatos, porque ese es el uso que se le ha dado toda la vida. Se lo echas al estropajo y te lías a fregar los platos a mano. Pero la realidad es que puede tener muchos más usos que ese. Este tipo de jabón es mucho más concentrado y más fuerte para eliminar la suciedad que, por ejemplo, el detergente de la ropa. Por eso, puede ser muy eficaz cuando se combina con otros productos de limpieza. Y lo mejor es que **no necesitarás demasiada cantidad**. Por ejemplo, para limpiar los azulejos y las ventanas, si lo mezclas con vinagre y agua va genial. También hay gente que lo mezcla con alcohol de limpieza para limpiar los cristales y dicen que va muy bien, pero la verdad es que yo no uso demasiado esa mezcla. Otra forma diferente y muy interesante de usar este jabón es para eliminar manchas, en combinación con el percarbonato y con el vinagre, como ya hemos comentado anteriormente. Y si lo mezclas con oxígeno activo, también puede ser muy útil para limpiar el frigorífico en profundidad. Se le puede dar muchos usos. Al final, el jabón lavaplatos **es ideal para que otros productos como el vinagre o el percarbonato, mejoren su efecto de limpieza.** Junto con el vinagre, que es la combinación más clásica, crea una fórmula limpiadora y quitagrasas superpotente.

> **Importante:** No le pongas en tus mezclas más de **dos o tres gotas**, porque de lo contrario, solo conseguirás que se haga un espumerío, pero no por ello limpiarás mejor. Con un toquecillo ya basta. Y justo por eso, cunde mucho.

Piedra blanca

La piedra blanca es una **arcilla de limpieza** que se puede usar para muchas cosas. Tiene una especie de partículas granuladas que arrastran la suciedad y ayudan a que salga más fácilmente. Existen también unos limpiadores cremosos con micropartículas, que vendrían a ser lo mismo que la piedra blanca, pero en versión líquida. En mi experiencia, la piedra blanca es un poco más efectiva y es más natural también, así que, si yo tengo que elegir entre las dos, me quedo con la piedra blanca. Sin embargo, uso las dos cosas. La vitrocerámica se limpia igual de bien con cualquiera de los dos productos, pero si voy a limpiar el plato de ducha, que es de resina blanca, la piedra va mejor.

Cuando compras el bote de piedra blanca, normalmente suele venir con un estropajo que no raya. Así que, para usarla, se humedece la esponja, se impregna del producto y ya se puede frotar la superficie que vayas a limpiar. Lo suyo es **frotar en círculos, para que se arrastre mejor la suciedad**. ¿Y para qué va bien? Aquí va la lista: en la cocina, puedes utilizarla para limpiar la **vitrocerámica**, el **horno**, los **culos de las ollas y de las sartenes**; si tienes **muebles blancos** y aplicas el producto con una bayeta en lugar de con el estropajo, te los dejará estupendos; para limpiar las **zapatillas blancas de polipiel** (las de tela, lógicamente, no) o los **filos de las suelas blancas de los zapatos**; en el baño, va muy bien para limpiar la **mampara**, para las **juntas de los azulejos y de las baldosas**, también **arrastra muy bien la cal de la grifería** (pero si quieres un acabado brillante, mejor que uses el vinagre); para limpiar **manchas de las paredes**, las **manillas de las puertas**, los **filos blancos de las ventanas**…

En cada lavado **se necesita muy poca cantidad del producto para que limpie**, así que te dura un montón. Yo he probado otros productos parecidos, como la piedra rosa, y aunque no limpia mal, ya te cunde menos, porque tiene una textura un poco más líquida y acabas usando más producto que cuando usas la piedra blanca. He probado con todas las marcas y la que más me gusta es una que lleva limón y es alucinante. No es la más barata, su precio está alrededor de los 16 euros, pero con ella puedo limpiar de todo y como me cunde tanto, a mí me compensa.

Borrador mágico

Otro de mis productos estrella es el borrador mágico. Es muy útil, sobre todo **para limpiar superficies blancas de forma rápida y eficaz**. Una de las cosas para la que más lo utilizo es para limpiar las **puertas blanco mate** de mi cocina, que tienden a mancharse muchísimo. En esas puertas, se nota hasta el más mínimo roce. Ya te he dicho que mi marido es mecánico y que tengo una niña pequeña, ¿no? Pues no hace falta que te diga más. Para usar el borrador, simplemente lo tienes que mojar con un poco de agua, frotar la mancha en cuestión y ya está. Para las **zapatillas blancas de polipiel** también va muy bien. Ya te he comentado antes que también las podrías limpiar con el oxígeno activo o la piedra blanca, pero cuando necesitas ir rápido, el borrador es mucho más práctico. Cuando son las 8.30 de la mañana y tienes que salir en quince minutos, coges tu borrador mágico, lo mojas, coges las zapatillas, les das, y en dos minutillos las tienes listas. Las **manchas de la pared** que también las quita muy bien. Y hace poco, descubrí que es **una buena alternativa para eliminar los arañazos del coche que son poco profundos.** Lo que hace este borrador es magia de verdad. Va superbién. Y además es muy barato.

Jabón en escamas

El jabón en escamas es una **buena alternativa al detergente normal o al jabón lavaplatos,** para cuando quieres lavar bien, pero prefieres hacerlo de una forma **más natural.** Es muy parecido a los jabones naturales que vienen en bloque. De hecho, la única diferencia es su presentación en escamas, que hace que sea más fácil de usar. Es uno de los ingredientes principales de mi detergente casero, del que te hablaré más adelante. Es una muy buena opción para cuando quieres **lavar la fregona o los trapos:** si mezclas jabón en escamas con vinagre y con percarbonato, se limpiarán muy bien seguro. No es un producto que tenga siempre en casa, pero en todo caso, es un buen producto a tener en cuenta. Hay mucha gente que mezcla perlas perfumadas con jabón en escamas para hacer sus coladas. Y es que este tipo de jabones suelen incluir glicerina en su composición. Y **la glicerina** es un quitamanchas muy eficaz y, encima, es mucho más natural que los detergentes al uso. Por eso, es **muy recomendable para aquellas personas que tienen pieles atópicas y alergias.**

Multiusos desinfectante

Podríamos decir que es una de las pocas fórmulas prehechas que compro en el supermercado a día de hoy. Me gusta tenerlo para hacer una limpieza rápida de mantenimiento en superficies como la mesa en la que comemos o para las papeleras y basuras. Y siempre me aseguro de que indique que es «desinfectante». Esto me lo planteo mucho más a raíz de la pandemia de COVID-19. Y, de hecho, no sé ni siquiera si antes existían la cantidad de desinfectantes que hay ahora en el mercado. Lo bueno es que este tipo de productos **sirven para cualquier superficie,** porque son bastante más respetuosos con los materiales que, por ejemplo, la lejía.

Y hasta aquí la lista de mis productos favoritos. Supongo que te habrás fijado en que, en todo lo que llevamos de lista, no te he hablado de ningún friegasuelos, de ningún limpiacristales, de ningún limpiador de váter... Si no lo he hecho, es porque yo ya no tengo en casa ese tipo de productos.

Yo fui descubriendo muchos de estos productos cuando empecé mi cuenta en las redes sociales y fui investigando las mejores opciones para mantener la casa limpia. Poco a poco, fui probando lo que otras creadoras de contenidos especializadas en limpieza hacían y me iba quedando con las ideas que más me gustaban. Lo que más me agrada de los productos de los que os hablo en este capítulo es que son mucho más naturales y menos agresivos, algo que es fundamental para cuidar del medioambiente y proteger la salud de los más pequeños de la casa y de nuestros animales. Y también está el tema económico: si tienes que comprarte un producto específico para limpiar los cristales, otro para el polvo, otro para el váter, otro para los grifos, otro para fregar el suelo... Al final, la cuenta sube mucho más que si compras varios productos polivalentes que, además, son mucho más baratos de base. Por eso, creo que merece la pena reflexionar acerca de cómo y con qué limpiamos nuestras casas.

¿Y dónde puedes comprar estos productos? La mayoría los podrás conseguir en tu supermercado de confianza, aunque hay algunas excepciones. La piedra blanca, por ejemplo, no siempre es tan fácil de encontrar. Para ello, lo mejor es ir a una droguería o en caso de que no tengas droguerías cerca, puedes buscar en hipermercados o en tiendas online. Cuando los tengas, puedes ir probando con distintas mezclas y ver cuáles son las que más te convencen. Lo que es seguro es que con los productos que te he ido nombrando, tienes más que suficiente para limpiar cualquier rincón de tu casa.

Mis utensilios de limpieza

Para acabar con este capítulo, voy a hacer un breve repaso por las herramientas de limpieza que más uso.

Esto ya te lo he dicho antes, pero por si no ha quedado claro, lo repito: **yo en mi casa no uso escoba, uso aspirador.** ¿Por qué? Porque me parece mucho más eficaz. Tengo dos aspiradoras: una **aspiradora de escoba,** de las de uso manual, y un **robot aspirador,** que programo para que pase con la frecuencia que yo necesito en cada momento. Los días que paso más tiempo en casa, prefiero pasar la aspiradora de escoba, porque me permite limpiar en rincones a los que el robot aspirador no llega, como detrás de las puertas. Pero los días que vamos como locos, porque trabajamos, pongo el robot aspirador y así eso se hace solo. Eso sí: **cuando pongas un robot aspirador, antes recoge y eleva las cosas que puedan hacer que el robot se quede atorado o que le puedan entorpecer el paso,** para que tenga que esquivar menos cosas y pueda aspirar mejor. A quien le guste la escoba, adelante con ella. Y lo mismo con la mopa. Si tuviese que elegir entre mopa o escoba, me quedaría con la mopa. De hecho, cuando se me ha roto la aspiradora, es de lo que he tirado. Si usas la mopa, lo suyo es que le eches al suelo algún producto para mopa o que pulverices una solución de agua y vinagre, con un poco de suavizante si quieres que huela mejor.

En cuanto a fregonas, yo prefiero las **fregonas de microfibra**. Me parece que limpian mejor el suelo que las fregonas tradicionales, esas de tiras, que no me gustan nada. Ni se estrujan bien, ni friegan bien, ni nada. Así que si te tienes que comprar una justo ahora, aquí tienes mi opinión. Acuérdate de usar la fregona **siempre con agua templada**. Y en el primer uso, mejor si está incluso un poco más caliente todavía. Si tienes suelo de tarima, lo mejor es que no friegues cada día, sino como máximo dos o tres veces por semana. Como mi robot también friega, la verdad es que ese trabajo ya se lo dejo a él.

Hablemos de las **bayetas**. Bayetas en plural, porque hay varias. Tengo una **bayeta especial para cristales**, que te limpia el cristal solo mojándola con agua. No son baratas, pero puedes usarla durante bastante tiempo y la verdad es que vale la pena, porque solo tienes que pasarla un poco por el cristal y en cuanto se seca, ya tienes la ventana limpísima. Y, además, también sirve para los espejos. Luego también tengo una **bayeta especial para el**

polvo, que también funciona solo con agua. Aunque, si lo prefieres, puedes usarla con líquido limpiamuebles. Yo no utilizo ningún producto y aun así, va muy bien, porque el tejido que tiene atrapa muy bien el polvo y hace que la limpieza dure un poco más que si lo hicieses con una bayeta normal. Por último, estarían las bayetas para limpiar la cocina y el baño. En ese caso, yo uso **bayetas de microfibra** y como cuando las compras normalmente vienen tres o cuatro y cada una es de un color distinto, **cada color de bayeta es para una habitación de la casa en específico**. Por ejemplo, en el baño tengo bayetas azules, en la cocina las uso verdes o amarillas y para el comedor, uso las naranjas y las rosas. Esto es sobre todo para evitar que la suciedad pueda pasar de unas habitaciones a otras y que el proceso sea lo más higiénico posible. En el caso del baño, intento siempre tener una bayeta para limpiar y otra para secar.

Después tendríamos los **estropajos**. Yo utilizo varios: el **estropajo azul**, que no raya, para la vitrocerámica y la zona interior de las sartenes o para zonas más delicadas; el **estropajo verde** de toda la vida, para fregar los platos o la zona exterior de las ollas y las sartenes; y el **estropajo de níquel**, que utilizo mucho para los culos de las sartenes, cuando algo se les queda incrustado, y que también te será muy útil si tu cocina es de gas. **Con el estropajo de níquel hay que tener cuidado**, porque raya, así que

no se puede utilizar en todas las superficies. Por último, para la mampara de la ducha, que en mi caso es de cristal, yo uso un **aparato limpiacristales.** Lo tengo colgado en la mampara de la ducha e intento usarlo siempre después de ducharme, para que no se queden las marcas de la cal una vez se sequen las gotas de la ducha que han ido a parar a la mampara. El tema de la cal tiene mucho que ver con la zona en la que vivas y la dureza del agua, pero en todo caso, es mejor tenerlo y conforme terminas de ducharte, le puedes dar una pasada rápida, para que la limpieza semanal sea mucho más fácil.

Hay un montón de utensilios más que no menciono aquí porque a mí particularmente no me acaban de gustar, pero al final todo es cuestión de preferencias. Lo suyo es ir probando y quedarte con aquellas herramientas y productos que se adapten mejor a tus rutinas y que te parezcan más útiles.

 ¡RECUERDA!

Cuando se te acaben los productos de limpieza que tienes en casa, anota esto en tu lista de la compra:

✓ Oxígeno activo desinfectante
✓ Jabón natural potásico
✓ Vinagre de limpieza
✓ Bicarbonato

- ✓ Percarbonato
- ✓ Jabón lavaplatos
- ✓ Piedra blanca
- ✓ Jabón en escamas
- ✓ Borrador mágico
- ✓ Multiusos desinfectante

Y siempre que puedas, ten a mano los siguientes utensilios:

- ✓ Aspiradora o mopa
- ✓ Fregona de microfibra
- ✓ Bayeta especial para cristales
- ✓ Bayeta especial para polvo
- ✓ Bayetas de microfibra (un color para cada habitación)
- ✓ Estropajo azul
- ✓ Estropajo verde
- ✓ Estropajo de níquel
- ✓ Aparato limpiacristales

7

Perfumar el hogar

Siendo yo @huele.a.limpio, no podía pasar por alto el tema de cómo hacer que tu casa huela bien. La verdad es que yo estoy un poco loca con esto de los olores y tengo un montón de tipos de ambientadores distintos repartidos por toda la casa. **Y una vez que termino de limpiar cualquier habitación, voy echando ambientador.** Por las mañanas, por ejemplo, le echo el ambientador textil a la cama mientras la hago. Y una vez que está hecha, le echo a la cama por encima y también le echo a las cortinas. Cada mañana me tienes dando vueltas por la casa pulverizando todo lo que se pueda pulverizar. Y eso es solo el principio de todo lo que hago para perfumar la casa durante la semana.

Las zonas de casa en las que me suelo centrar más son la **entrada**, los **baños** y las **camas**, que es donde suelo echar ambientador todos los días. Para el resto de zonas, me espero al día en el que me toca hacer la limpieza semanal o limpiezas más profundas. Eso sí: **el 50 por ciento es limpiar y el 50 por ciento es que tu casa huela bien**. Ni todo es limpiar, ni todo es echar ambientador. Mitad y mitad. Porque los ambientadores lo que hacen es enmascarar el mal olor. **Si tu casa está limpia y echas ambientador, tienes el combo perfecto**, pero echar ambientador con la casa sucia no tiene sentido, porque el efecto del ambientador se irá en cualquier momento y tu casa volverá a oler mal. Por eso, tiene que ser una combinación entre los dos.

En cuanto a los aromas que yo utilizo, pues depende un poco de lo que pueda conseguir en cada momento. Normalmente, uso distintos aromas para cada parte de la casa. Como yo uso quemadores de cera en distintas partes y normalmente cuando compro la cera de los quemadores viene en paquetes de cuatro, las partes de la casa donde los pongo, que suelen ser la entrada y mi dormitorio, huelen igual. En el dormitorio de mi niña todavía no pongo ambientador, aparte del textil, que de ese sí que le echo un poquito.

Si a ti te gusta usar pocos aromas, podrías usar el mismo aroma en tus ambientadores de aceites esenciales, pulverizadores y cera. Incluso en los mikados quizá también podrías coincidir, porque suelen sacar gamas de productos que comparten el mismo perfume. A mí la verdad es que no me coinciden todos, porque en el día a día al final voy con prisas y pongo lo que puedo, pero más allá de los perfumes concretos que uses, lo más importante es que entres donde entres, huela bien. También es verdad que normalmente no echo ambientador en todas las partes de la casa a la vez, porque como ya os he comentado, lo suelo echar un día a la semana en cada parte de la casa. Yo normalmente me suelo decantar por los aromas dulces y cítricos. Por eso, también me gusta mucho limpiar con productos que tienen aroma a limón, como el vinagre de limpieza con aroma limón, del que ya hemos hablado en capítulos anteriores.

> **Un truco**: si no te gusta el aroma del vinagre de limpieza, puedes sacarlo de su botella y meterlo en una botella de cristal, junto con unas cáscaras de limón y de naranja. Lo dejas guardado en un armario durante una semana, fuera del alcance de la luz, para que se macere bien. Y pasada la semana, lo puedes colar y meter en el bote que quieras usar para echarlo. Verás que el vinagre ya no huele a vinagre.

Bolsas perfumadas

Ingredientes:
- ✓ Hojas de laurel
- ✓ Perlas de olor
- ✓ Bolsa de organza
- ✓ Arroz

Modo de empleo: Rellena las bolsitas con todos los ingredientes y métela en la caja junto con la ropa que quieres almacenar, para que no coja humedad ni tampoco bichos.

Las bolsas perfumadas sirven tanto para la ropa que guardas cuando haces el cambio de armario, como para el armario y los cajones en los que tienes la ropa de la temporada. Y como ya te avanzaba, no solo dan buen olor, sino que también absorben la humedad gracias al arroz y repelen a los bichitos que se meten entre la ropa gracias al laurel. En cuanto a las perlas perfumadas, hay de distintos rangos de precio y puedes poner las que más se adapten a tu bolsillo y tus gustos. Yo estas bolsitas las voy poniendo por todos los lados y van superbién.

Ambientador textil

Ingredientes:
- ✓ 200 ml de agua
- ✓ 100 ml de suavizante, perfumador o aceites esenciales

Modo de empleo: Mezcla el agua con el suavizante o el perfumador, mételo en un pulverizador y úsalo para perfumar tu cama, tu sofá y tus cortinas.

Yo aquí te doy las medidas para un pulverizador con capacidad para 300 ml, pero si tu pulverizador es de 500 ml, puedes mezclar 400 ml de agua y 100 ml de suavizante. También hay gente que sustituye el suavizante por aceites esenciales o por perfumador. Para mí la mejor opción es el perfumador, porque es el que aporta un aroma más intenso, pero si tú prefieres una opción que sea más ecológica, me decantaría por los aceites esenciales.

Cada mañana, una vez que la habitación y la cama ya se han ventilado durante un rato, voy haciendo la cama y echando el ambientador capa a capa. Primero, a la sábana bajera y a la almohada. Después, estiro la sábana encimera y echo un poco más. Después, estiro la colcha y pulverizo otra vez. Y, por último, cuando toda la cama está hecha, con los cojines o los peluches que tenga encima, le pongo un poquito más y aprovecho que tengo el ambientador en la mano para echarle un poquito también a la cortina. Cuando le echas ambientador textil a la cortina es importante no echarlo en dirección al cristal, porque algunas cortinas son tan finitas que el líquido traspasa y puede mancharte la ventana. Lo suyo es ponerte detrás de la cortina para echarlo. También lo uso cuando arreglo los cojines del sofá y para las cortinas del salón.

Quemadores de cera perfumada

Yo tengo dos quemadores de cera perfumada en casa: uno que funciona con bombilla y otro que funciona con vela de té. Es mucho más fácil de usar el que funciona con bombilla, porque ese lo enchufas y te olvidas, pero la pega es que funciona con bombillas de filamento, porque necesitas que la bombilla se caliente, y cada vez es más difícil encontrar este tipo de bombillas. Yo antes las compraba en la droguería de debajo de mi casa, pero la han cerrado. Antes de que cerraran le compré todas las bombillas que le quedaban, que eran cinco o seis. Cada dos o tres meses me toca cambiarla, porque este quemador lo tengo encendido casi todo el día en la entrada de la casa. Y es que al pasillo de mi casa no le entra mucha luz natural, así que no solo lo uso como ambientador, sino también como lámpara. Esta es otra de las ventajas de este tipo de ambientadores, que la luz que dan es muy agradable, así que también te ayuda a crear un ambiente reconfortante en los espacios en los que los utilizas.

Para mí es clave usar un ambientador en la entrada de casa, porque es la zona por la que entras y es importante que ese primer impacto sea agradable. Si de repente en alguna de las habitaciones no huele tan bien, mientras no huela mal, no me importa tanto, pero en la entrada para mí es indispensable que lo primero que notes sea un buen aroma. Por eso, lo tengo todo el día encendido en la entrada. Y en mi dormitorio tengo el que funciona con vela de té y lo enchufo normalmente el día que limpio el polvo. Lo suelo dejar encendido hasta que se gasta la vela de té. Hay veces que me da por encenderlo cinco días seguidos y otras veces que me paso una semana sin encenderlo, porque solo lo enciendo si el espacio está lo suficientemente limpio.

Algo malo de los quemadores es que la zona de la cera tiende a coger mucho polvo. Para limpiarlo, la única opción es cambiar la cera. La cera que se usa para los quemadores no se evapora, sino que simplemente va perdiendo el olor. Cuando quieres cambiarla, tienes que encender el quemador, dejar que se funda la cera y entonces, tirarla. Yo suelo echar la cera caliente en un trozo de papel de aluminio, espero a que se seque y luego hago una bolita y la tiro a la basura. Y la zona en la que se pone la cera, la limpio con agua caliente y una toallita. Así ya queda limpia y está lista para que la vuelvas a usar.

Ambientador automático

En el cuarto de baño tengo un ambientador eléctrico que funciona con recambios de líquido. Este tipo de ambientadores no tienen mucho misterio: solo se trata de que encuentres el aroma que más te gusta, lo enchufes y dejes que haga su magia.

Ambientador mikado

Aparte del ambientador automático, en el baño también tengo un ambientador mikado o de varillas. Una vez el baño está limpio, cojo las varillas y les doy la vuelta para potenciar el aroma del ambientador, porque la zona de los palos que está empapada es la que huele más. Conforme vayas girando los palitos, se irá absorbiendo el perfume, hasta que se acabe del todo y tengas que cambiarlo.

Almohadillas de fieltro adhesivas

¿Sabéis esos fieltros que se usan para que los muebles no rocen con la pared o las sillas no rayen el suelo? Pues yo los uso como ambientador. Lo que hago es echarles unas gotitas de aceites esenciales y pegarlos detrás del váter, en los cubos de basura del cuarto de baño y de la cocina y dentro de los zapateros. Lo único es que los fieltros se secan rápido y tienes que estar reponiendo el aceite con mucha frecuencia.

Ambientador concentrado

Estos ambientadores son tan potentes, que con unas pocas gotas vas a tener suficiente para perfumar el agua con la que friegas el suelo, los desagües o incluso los fieltros. Huele muy bien.

Humidificador con aceites esenciales

Hay mucha gente que usa los aceites esenciales para limpiar, pero yo los utilizo, sobre todo, para que la casa huela bien. Y, principalmente, en el salón, que es donde tengo el humidificador con el que más los uso. Enciendo el humidificador más o menos una vez a la semana, que es el día que limpio el salón. Este es el único caso en el que sí que intento coger el mismo aroma que tengo en el quemador de cera de la entrada, para que no se hagan mezclas raras de olores. Algunos humidificadores tienen temporizador y puedes ponerlos durante el tiempo que tú consideres. Yo, como solo lo enciendo un día a la semana, lo pongo hasta que se agota el agua, así que suele estar encendido durante medio día. Lo bueno de los humidificadores es que, igual que pasa con los quemadores de cera, suelen tener luces de colores pastel muy bonitas que crean un ambiente muy especial.

Lámpara catalítica

Esta es mi última incorporación a los ambientadores de casa. Es una botellita que viene llena de un líquido y con una mecha, que tiene que humedecerse para que funcione. Para encenderla, prendes la mecha y en un primer momento se hará una llama muy grande, pero después irá bajando. Se deja encendida varios minutos y luego se apaga y se le pone encima un tapón con orificios, para que poco a poco vaya impregnando la habitación con el olor. Lo mejor es que no solo hace que la habitación donde lo uses huela superbién, sino que también limpia el aire, así que es muy recomendable para personas con alergias, asma o en esos momentos en los que tenemos resfriados y congestión nasal. Su uso es bastante nuevo en las casas, pero, por lo visto, se inventó hace más de cien años en Francia, con el objetivo de purificar el aire de los hospitales. Yo lo utilizo mucho en la cocina, sobre todo después de haber cocinado pescado o productos que huelen muy fuerte, porque con esta lámpara los olores se eliminan muy bien.

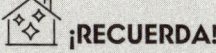 **¡RECUERDA!**

✓ El ambientador por sí solo no hace más que enmascarar los olores.

✓ La limpieza perfecta consiste un 50 por ciento en que todo esté limpio y otro 50 por ciento en que la casa huela bien.

✓ Si solo tienes tiempo para perfumar un área de tu casa, elige la entrada.

8

Mezclas y trucos para que todo esté reluciente

Como ya os he avanzado al principio del libro, llevo más de diez años de ensayo y error con esto de la limpieza en casa. Y en este tiempo, me he ido quedando con las mezclas y los trucos que mejor me funcionan. En este capítulo os comparto los que más uso yo, para que vosotros podáis empezar a probarlos a partir de hoy mismo. También encontraréis mis fórmulas preferidas para hacer repelentes de insectos caseros y un diccionario de las manchas más comunes, para que no se os pase ni una. ¡Vamos al lío!

Mezclas

Multiusos tipo piedra blanca

Ingredientes:
- ✓ 3 cucharadas grandes de bicarbonato
- ✓ 3 cucharaditas de sal fina
- ✓ Jabón lavaplatos, hasta que quede la textura de un helado

Usos: Con esta mezcla podrás limpiar el fregadero, la grifería, los platos de la ducha…

Juntas del suelo

Ingredientes:
- ✓ Oxígeno activo
- ✓ Jabón lavaplatos

Modo de empleo: Frota la mezcla sobre las juntas y aclara con agua.

Extractor de la cocina

Ingredientes:
- ✓ Agua
- ✓ El zumo de un limón

Modo de empleo: Hierve el agua con el zumo de limón, humedece una bayeta con esta solución y pásala sobre el extractor. Saldrá toda la grasa y quedará como nuevo.

Mal olor de las tuberías

Ingredientes:
- ✓ 3 cucharadas de bicarbonato
- ✓ 1 vaso de vinagre de limpieza

Modo de empleo: Mezcla el bicarbonato con el vinagre, viértelo en las tuberías y deja que actúe durante 10 minutos. Después, echa un litro de agua muy caliente. Si lo que quieres es eliminar atascos, deja actuar esta fórmula durante el máximo de horas posible.

Huellas en cristales y espejos

Ingredientes:
- ✓ 1 vaso de agua
- ✓ 1 vaso de vinagre de limpieza
- ✓ 1 tapón de abrillantador del lavavajillas
- ✓ 1 tapón de jabón lavaplatos

Modo de empleo: Pulveriza la mezcla sobre el cristal o el espejo que quieras limpiar, frótalo con un trapo y deja que se seque.

Moho

Para las manchas de moho, que se crean sobre todo en el baño, lo suyo es utilizar un producto antihumedad con cloro. No es un producto que yo tenga habitualmente en casa, pero cuando aparecen estas manchas, lo compro. Y si en tu casa tiendes a tener muchas humedades, te recomiendo que lo tengas, para cuando lo necesites. Hay gente que usa directamente lejía, pero si no te gusta, te dejo aquí abajo una opción más natural.

Ingredientes:

✓ 3 cucharaditas de bicarbonato

✓ ½ vaso de jabón lavaplatos

✓ 1 vaso de agua oxigenada de las heridas

Modo de empleo: Echa la mezcla sobre la mancha de moho, frota un poco y déjala actuar durante cinco minutitos. Por último, aclara la superficie con agua.

Cal en los azulejos y en mamparas

Ingredientes:

✓ 1 vaso de agua caliente

✓ 1 vaso de vinagre caliente

✓ 2 o 3 gotitas de jabón lavaplatos

Modo de empleo: Calienta en el micro el agua y el vinagre y cuando esté caliente, mézclalo con el jabón. Pulveriza la mezcla sobre los azulejos o la mampara, deja que actúe y aclara con agua. Si limpias cuando el líquido está caliente, será más efectivo.

Detergente casero

Ingredientes:
- ✓ 500 g de jabón en escamas
- ✓ 1 vaso de sal gorda
- ✓ 1 vaso de bicarbonato
- ✓ 1 vaso de oxígeno activo color en polvo
- ✓ 1 vaso de vinagre de limpieza
- ✓ 1 vaso de suavizante o perfumador favorito
- ✓ 3-6 litros de agua hirviendo
- ✓ 8-10 litros de agua fría
- ✓ Botellas vacías

Elaboración:
- ✓ Calienta 3 litros de agua y échala en un barreño grande.
- ✓ Añade los ingredientes en el orden de la lista, uno a uno, remuévelo y añade el siguiente en cuanto el anterior ya esté completamente disuelto. Ojo con el vinagre: échalo poquito a poco, porque sube y se sale.
- ✓ Añade más agua caliente, unos 3 litros.
- ✓ Remuévelo todo muy bien y déjalo enfriar una noche completa.
- ✓ Al día siguiente, según el espesor que tenga, iremos añadiendo agua del grifo, de litro en litro, hasta que tenga la textura adecuada para ser detergente líquido, e iremos removiendo la mezcla con ayuda de una ba-

tidora, para eliminar los grumos. En este paso se pueden añadir entre 8 y 10 litros de agua. Eso lo verás tú enseguida, porque el detergente te lo irá pidiendo.

✓ Y ya estará listo para que lo guardes en las botellas vacías.

Suavizante casero

Ingredientes:
✓ 1 litro de agua caliente, sin que llegue a hervir
✓ 1 litro de vinagre de limpieza
✓ 350 ml de suavizante del pelo

Elaboración: Bate los tres ingredientes con una batidora a mínima potencia, para que no se vuelva todo espuma. Cuando la mezcla esté bien integrada, ya estará listo para usar.

Bombas para el W.C.

Ingredientes:
✓ 1 vaso de bicarbonato
✓ ⅓ de vaso de jabón lavaplatos

Elaboración:

✓ Mezcla estos dos ingredientes muy bien, hasta que se forme una masa que se pueda manejar con las manos.

✓ Haz bolitas y sécalas, poniéndolas al sol durante 1 o 2 horas o dejándolas reposar dentro de casa durante 24 horas.

Modo de empleo: Cuando estén secas, echa una al inodoro y añade ½ litro de vinagre de limpieza. Saldrá una espuma limpiadora con la que el inodoro te quedará superlimpio.

Limpiador de polvo

Ingredientes:

✓ 1 vaso de agua
✓ ½ vaso de vinagre de limpieza
✓ Unas gotas de jabón lavaplatos
✓ 1 cucharada de aceite de oliva
✓ Unas gotas de aceite esencial

Elaboración: Añade todos los ingredientes dentro de un bote pulverizador y ya lo tienes listo.

Preparado de jabón potásico

Ingredientes:
- ✓ 1 litro de agua
- ✓ 2 cucharadas de jabón potásico

Elaboración: Calienta el agua con el jabón potásico. Cuando el jabón se haya disuelto, retira la mezcla del fuego y deja que se enfríe.

Usos:
- ✓ Mete el líquido en un pulverizador y úsalo para limpiar todo tipo de muebles de madera, las puertas, la encimera, etc. Podrías usar este mismo pulverizador para cuidar de tus plantas, curando y previniendo posibles enfermedades.
- ✓ Si le añades vinagre a esta mezcla, se convierte en un quitamanchas. Frota la mancha en cuestión para ver resultados.
- ✓ Úsalo como friegasuelos. Echar un vaso de esta mezcla por cada cubo que llenes.

Pastillas lavavajillas caseras

Ingredientes:
- ✓ 1 vaso de bicarbonato
- ✓ 1 vaso de percarbonato
- ✓ ½ vaso de aceite cítrico
- ✓ ¼ de vaso de sal
- ✓ ½ vaso de vinagre de limpieza
- ✓ Un chorreón de lavavajillas
- ✓ 10 gotas de aceite esencial de limón

Elaboración:
- ✓ Mezcla todos los ingredientes secos.
- ✓ Seguidamente, añade poco a poco el vinagre, el lavavajillas y el aceite esencial.
- ✓ Remuévelo todo muy bien y échalo en un molde tipo cubitera.
- ✓ Déjalo secar durante 24 horas (si tienes sitio para ponerlo al sol, mejor) y listo.

Trucos

Para lavar la ropa blanca

Antes de meter la ropa en la lavadora, añade en el tambor 3 cucharadas de percarbonato. Después, mete la ropa y utiliza tu detergente y suavizante favoritos. Lava a 40 °C y tiende al sol.

Para lavar ropa negra

Antes de meter la ropa en la lavadora, añade al tambor dos cucharas de sal. Después, mete la **ropa del revés** (esto es importante), pon un programa de agua fría y tiende a la sombra. Así se mantendrán los colores más intensos y no pardearán.

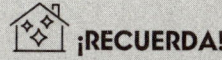 **¡RECUERDA!**

Para lavar la ropa blanca o clara puedes usar agua más caliente, pero para la negra u oscura, lo suyo es usar agua fría.

Para lavar las toallas

Antes de introducirlas en la lavadora, añade directamente al tambor tres cucharadas de percarbonato. Esto hace que se eliminen los olores y las pequeñas manchas. Después, ya puedes meter todas la toallas (**solo toallas**) y poner tu detergente favorito. Es importante que **no cargues en exceso la lavadora**: tiene que quedar un palmo entre la ropa y el tambor, para que se laven bien. Si quieres un tacto más suave en las toallas, reemplaza el perfumador y el suavizante por vinagre de limpieza. Pon un programa de 1 hora a 40 °C y con el centrifugado a 1.000 revoluciones. Si tienes secadora, mucho mejor, pero si no, tiéndelas con una buena separación entre ellas y bien extendidas, para que se sequen bien. Asegúrate de que están completamente secas antes de recogerlas y guardarlas.

Para limpiar tapicerías

Esta es la receta de mi limpiador casero.

Ingredientes:
- ✓ 500 ml de agua tibia
- ✓ 2 cucharadas soperas de jabón natural
- ✓ 50 ml de vinagre de limpieza
- ✓ La tapa de una olla

Modo de empleo: Pulveriza la bayeta con la mezcla. Nunca lo pulverices directamente en la tapicería. Ata las puntas de la bayeta al pomo de la tapa de la olla, para que quede completamente extendida sobre la parte interior de la tapa y puedas frotar la superficie mejor. Restriega fuerte con tu utensilio casero sobre la tapicería a limpiar y verás que la dejas reluciente.

Para lavar bañadores

Después de cada uso, enjuaga bien tus bañadores con agua fría del grifo. Antes de llevarlos a la lavadora, retira los rellenos, para que no se deformen. Utiliza detergente para prendas delicadas y sustituye el suavizante por vinagre de limpieza, para que no se dañen las gomas y tengan una vida más larga. Además, el vinagre cuida los tejidos y fija los colores. Pon un programa corto de unos quince minutos con agua fría y centrifugado bajo y sécalos siempre a la sombra.

Para blanquear cordones y calcetines

Ingredientes:
✓ Agua caliente
✓ Un chorreón de detergente
✓ 3 cucharadas de percarbonato
✓ Vinagre de limpieza

Modo de empleo: Mézclalo todo en un barreño, introduce los cordones y/o los calcetines y déjalos reposar hasta que el agua se enfríe. En el caso de los calcetines, lávalos después en la lavadora.

Para blanquear las suelas de goma de las zapatillas

Necesitas agua oxigenada en crema de 40 volúmenes. Espárcela con un pincel solo por la goma, envuelve en papel film transparente, pon tus zapatillas al sol y dales la vuelta cada 30 minutos, para que el sol dé de forma uniforme a todas las partes de la suela. Déjalas reposar durante 24 horas y al día siguiente, retira el producto y las tendrás como nuevas.

Para eliminar arrugas en la piel del calzado

Mete una bola de calcetines dentro del zapato hasta la punta, para que se estire, humedece la piel con una bayeta y pon la misma, estirada en la punta. Entonces, plancha a baja temperatura y con vapor la punta, por encima de la bayeta, sin apretar mucho. Tus zapatos quedarán como nuevos.

Para limpiar zapatillas de lona blanca

Ingredientes:
- ✓ 1 barreño grande lleno de agua caliente
- ✓ 1 vaso de vinagre de limpieza
- ✓ 1 tapón de detergente de ropa
- ✓ 3 cucharadas de percarbonato

Modo de empleo: Introduce las zapatillas dentro del barreño con agua, detergente y percarbonato. Una vez estén dentro, añade el vinagre de limpieza. Con un cepillo de cerdas suaves, frota con esa misma mezcla las manchas que tengan las zapatillas. Deja reposar las zapatillas en el barreño durante aproximadamente 2 horas. Enjuágalas muy bien, para que no queden restos de jabón, que podrían dejar manchas amarillas. Introduce papel de cocina dentro de las zapatillas para darles forma y sécalas a la sombra.

Con esta misma mezcla puedes limpiar:

- ✓ Converse blancas
- ✓ Calcetines blancos
- ✓ Cordones de zapatillas
- ✓ Manchas de orina en textiles
- ✓ Manchas amarillas en textiles que han estado guardados

Para limpiar las bayetas

Ingredientes:
- ✓ ½ tapón de jabón natural
- ✓ 3 cucharadas de percarbonato
- ✓ ½ vaso de vinagre de limpieza

Modo de empleo: Hierve agua y pásala a un barreño grande. En el agua caliente, añade el jabón natural y el percarbonato. Introduce los trapos y déjalos reposar durante 15 minutos. Tras ese tiempo, echa en el barreño el vinagre de limpieza, remueve bien y deja que repose hasta que se enfríe. Así, eliminarás el mal olor, la suciedad incrustada y todo tipo de manchas. Una vez que se enfríe el agua, enjuaga bien todos los trapos y ya estarán listos para que los vuelvas a usar.

Para limpiar utensilios de madera de cocina

Pon agua a hervir en un cazo. Cuando arranque el hervor, añade el zumo de medio limón. Esto sirve para desinfectar y eliminar bacterias. Mete los utensilios en el agua con limón durante 10 minutos a fuego bajo. Enjuágalos y ya estarán listos para que los vuelvas a usar.

Para limpiar la suela de la plancha

Coge un paño de cocina y ponle sal gorda encima. Enciende la plancha y pásala por encima del paño, como si plancharas, moviéndola en círculos y hacia los lados, hasta que se elimine la costra. Y una vez hayas terminado con la suela, puedes aprovechar para limpiar la plancha por dentro. Vacía el depósito y llénalo de vinagre de limpieza, enciéndela y empieza a dar al vapor con la plancha encendida encima de un paño hasta que se gaste. Esto sirve para limpiar todos los conductos. Por último, con la plancha apagada y fría, repasamos la suela de la plancha con un paño de microfibra empapado de agua y vinagre de limpieza.

Para limpiar grifería de acero inoxidable

Echa vinagre de limpieza en una pelota de papel de aluminio y frota en círculos, sin miedo. Después, repasa el grifo con una bayeta húmeda y verás que queda como nueva.

Para limpiar las brochas de maquillaje

Utiliza un cuenco hondo, llénalo de agua tibia y añade un chorreón de champú (el que uses para tu pelo servirá) y ½ vaso de vinagre de limpieza. Introduce las brochas en la mezcla y remueve bien. Déjalas ahí, sin mojar los mangos, durante 30 minutos. Pasado ese tiempo, en una alfombrilla de silicona (las venden en muchos supermercados y también en las principales tiendas online) añade champú y frota las brochas con suavidad, haciendo círculos, hasta que deje de salir maquillaje de ellas. Enjuágalas bien y sécalas en vertical.

Para devolverle su forma a gomas de pelo, aspas del robot aspirador o pliegues de los cinturones

Pon agua a hervir en un cazo. Cuando el agua arranque a hervir, apaga el fuego e introduce la goma, las aspas o el cinturón en el agua caliente. Pasado un minuto, verás que se quedan como nuevos.

Para limpiar los faros del coche

Cuando los faros de coche estén muy opacos, pon el zumo de medio limón sobre ellos y encima, echa bicarbonato de sodio. Frota esta mezcla en círculos y aclárala con agua.

Para los arañazos superficiales del coche

Si son superficiales de verdad, se pueden arreglar usando el borrador mágico. Frota sobre el arañazo y verás que desaparece.

Diccionario de manchas comunes

Aceite o grasa

Ingredientes:
✓ 1 cucharada de bicarbonato
✓ 2 o 3 gotas de jabón lavaplatos

Modo de empleo: Mezcla los ingredientes con agua tibia, frota la mancha y verás que sale.

Chocolate

El chocolate se puede eliminar con oxígeno activo. Existen dos tipos de oxígeno activo:

1. Para ropa de color. Se utilizaría una cucharada, con unas gotas de jabón y agua a temperatura ambiente. Frota bien, deja actuar y a la lavadora.
2. Para ropa blanca. El proceso es el mismo, pero el agua debe estar muy caliente.

Huellas en manillas y manivelas

Para eliminar huellas en manillas y manivelas, normalmente basta con usar el borrador mágico. Si no funciona, prueba con la piedra blanca.

Manchas amarillas en ropa de cama

Ingredientes:
✓ 1 bol con agua caliente
✓ 1 o 2 cucharadas de percarbonato
✓ 2 o 3 gotas de jabón lavaplatos o detergente
✓ Un chorreón de vinagre

Modo de empleo: Frota la mezcla en la mancha y deja que actúe durante 15 minutos. Si todavía quedan rastros de la mancha, puedes acabar de lavarla en la lavadora.

Maquillaje

Las manchas de maquillaje se eliminan con agua, jabón y un poco de agua oxigenada de las heridas. Frota bien, enjuaga y listo.

Manchas en madera o tarima

Frota la superficie manchada con una nuez pelada.

Manchas marrones del W.C.

Las manchas del fondo o laterales del W.C. se eliminan con salfumán. Antes de ir a dormir, vacía el agua del fondo con una fregona, rellénalo con mucho cuidado con salfumán y deja actuar toda la noche. Al día siguiente, tira de la cisterna y verás que se queda como nuevo.

Moho

Para eliminar manchas de moho en la ropa, basta con usar vinagre de limpieza, con agua y tu detergente de ropa habitual. Frota bien las manchas y deja actuar unos 15 minutos. Después llévalo a la lavadora y listo.

Óxido

Las manchas de óxido se eliminan con medio limón y bicarbonato. Frota la mancha y déjalo actuar.

Pintaúñas

El pintaúñas se elimina con laca ultra fuerte del pelo. Frota con agua y laca, hasta que se elimine por completo.

Pis en tela

Ingredientes:
- ✓ 3 cucharadas de percarbonato
- ✓ 1 tapón de detergente
- ✓ Un chorreón de vinagre de limpieza

Modo de empleo: Llena un barreño con agua caliente y mezcla los ingredientes en él. Mete el tejido manchado en el barreño durante un tiempo máximo de 2 horas y por último, mételo en la lavadora.

Esta mezcla también sirve para: Blanquear cordones zapatos, telas o prendas de ropa que sean blancos, o para eliminar manchas amarillas de sudor.

Pis y vómito en la tapicería

Ingredientes:
- ✓ Bicarbonato
- ✓ Vinagre de limpieza
- ✓ Agua
- ✓ Jabón o detergente

Modo de empleo: En primer lugar, retira el pis o el vómito. Echa bicarbonato sobre el lugar de la mancha y deja que actúe durante 12 horas. Una vez pasado ese tiempo, retira el bicarbonato y pulveriza una mezcla de agua, vinagre y jabón. Frota un poco y deja que actúe unos minutos. Aclara con agua y deja que se seque. A estas alturas, es probable que el olor se haya ido por completo. Si la mancha persiste, puedes repetir todo el proceso de nuevo.

Protector solar

Para eliminar manchas de la ropa de crema solar, usa el percarbonato. Haz una mezcla de percarbonato, detergente de la ropa y agua caliente, frota y deja actuar. Saldrá fácilmente.

Rotulador o bolígrafo

Te propongo tres formas de eliminar este tipo de manchas:

1. Pon laca del pelo en una bayeta húmeda y frota la mancha. Esta opción también sirve para eliminar las manchas de pintaúñas.
2. Pon gel hidroalcohólico en una bayeta húmeda y frota la mancha.
3. Frota la mancha con leche entera fría.
4. Tras este proceso, mete la prenda en la lavadora.

Sangre

Si es una mancha reciente, basta con poner la prenda debajo del agua fría y saldrá fácilmente. En caso de que ya esté seca, pon agua oxigenada y un poco de tu detergente de ropa habitual, frota de nuevo con agua fría y saldrá fácilmente. También puedes sustituir el agua oxigenada por percarbonato.

Sarro en grifería

Puedes eliminar el sarro de tu grifería con piedra blanca. Frota con insistencia y con un estropajo que no raye. Se queda perfecto.

Slime

Deja la zona manchada de la prenda metida en vinagre de limpieza sin diluir durante 15 minutos. Después frota con jabón y saldrá fácilmente.

Sudor

Para el sudor, utiliza el percarbonato, mezclándolo con agua y detergente de la ropa. Esta mezcla es perfecta para eliminar manchas de todo tipo. Si es en una prenda de color, usa agua fría y si es blanca, en agua caliente.

Tomate frito

Frota la mancha con una cucharadita de jabón potásico, deja que actúe un rato y luego, mete la prenda en la lavadora.

Tinte del pelo

El tinte del pelo en la ropa se elimina con laca extrafuerte para el cabello. Échale laca a la mancha y añade un poco de agua. Frota bien y saldrá fácilmente.

Repelentes naturales de insectos

Moscas

Existen varias alternativas:

1. Puedes llenar de agua bolsas transparentes de plástico, atarlas con una cuerda y colgarlas en los techos, los marcos de las puertas, las columnas o las estanterías.
2. Puedes hacer trampas con agua, vinagre y azúcar.
3. Puedes hacer papel atrapa-moscas: coge una bolsa de papel como la que te dan en la panadería, córta-

la en tiras finas y haz un pequeño agujero en cada tira, para pasarles un cordel para colgar la trampa. En una olla, calentamos 1 vaso de agua, 1 vaso de azúcar y 3 cucharadas de miel. Removemos la mezcla, hasta que sea un mejunje pegajoso. Vertemos la mezcla en un plato y vamos impregnando todas las tiras con la mezcla. Entonces, colgamos las tiras y esperamos a que las moscas caigan en la trampa.

Otros ingredientes naturales que también te ayudarán a ahuyentarlas: Citronela, albahaca, laurel, caléndula, salvia, menta, lavanda y romero.

Mosquitos

Ingredientes:
- ✓ 1 vaso de vinagre de limpieza
- ✓ 1 limón a rodajas

Modo de empleo: Pon en un vaso las rodajas del limón y rellénalo hasta arriba de vinagre de limpieza. Llévatelo a la estancia donde vayas a estar para que no te coman los mosquitos.

Cucarachas

Ingredientes:
- ✓ La piel de un pepino
- ✓ 1 vaso de agua

Modo de empleo: Mezcla los ingredientes con una batidora, cuela el líquido resultante y pulveriza la mezcla en las zonas donde suelan aparecer con más frecuencia.

Hormigas

Ingredientes:
- ✓ Vinagre de limpieza
- ✓ Bicarbonato
- ✓ Hojas de laurel

Modo de empleo: Averigua el camino que siguen las hormigas y detecta cuál es el punto exacto por el que salen. Pulveriza el camino y el lugar de salida con vinagre de limpieza. Cuando el vinagre ya se haya secado, rellena el hueco del que salen con bicarbonato. Pon hojas de laurel en los armarios o las zonas por las que suelan pasar.

Otros ingredientes naturales que también te ayudarán a ahuyentarlas: Hojas de menta, harina de maíz, polvos de talco, zumo de limón, cáscaras de cítricos, granos de café y ajos.

Polillas en la cocina

Ingredientes:
- ✓ Detergente
- ✓ Vinagre de limpieza
- ✓ Agua caliente

Modo de empleo: Empapa una bayeta con estos tres ingredientes y elimina con ella todos los restos de larvas y polillas. Limpia todos los rincones del armario con esta solución, sin olvidarte de las partes que no sean tan visibles. Déjalo actuar un rato para que sea más efectivo.

Polillas en los armarios

Ingredientes naturales que te ayudarán a eliminarlas: Lavanda, clavos de olor, madera de cedro, hojas de laurel, cáscaras de cítricos y granos de café.

Arañas

Opciones naturales que te ayudarán a ahuyentarlas:
Menta, árbol de té, tabaco, vinagre, bicarbonato, frutos secos o tierra de diatomeas.

9

Mi respuesta a vuestras preguntas más frecuentes

En mi buzón de mensajes directos de Instagram, cada día aparecen al menos dos o tres mensajes con preguntas sobre cómo limpiar eso o aquello. A veces, me preguntan cómo se quitan manchas de cosas que ni siquiera sé qué son. Aunque, en general, hay una serie de preguntas que se repiten muchísimo. Por eso, he pensado que sería buena idea incluir un capítulo con estas preguntas, pero, sobre todo, con las respuestas que yo tengo para cada una de ellas. Eso sí: tampoco esperéis milagros, porque que yo sepa qué se podría hacer no significa que funcione en todos los casos.

Muchas de las preguntas ya las he respondido en el capítulo 8, así que en este capítulo me centro en dudas frecuentes, que quizá son menos rutinarias, pero no por ello menos importantes. Si la duda que te ronda la cabeza no está en esta lista, siempre te queda la opción de enviarme un DM y, en cuanto pueda, yo te respondo.

Preguntas sobre manchas en la ropa

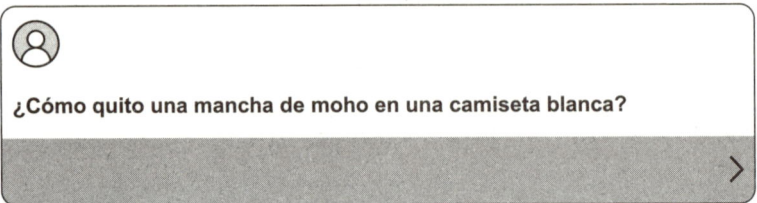

¿Cómo quito una mancha de moho en una camiseta blanca?

Si es una camiseta blanca, en vez de con vinagre, lo puedes hacer con agua oxigenada o con percarbonato, pero con agua caliente, para que sea más efectivo.

¡SOS! El uniforme de mi hijo se ha manchado con pompas de jabón y las manchas no salen con nada. ¿Qué hago? / ¿Cómo lavar una camiseta manchada con líquido de hacer pompas?

Puedes intentarlo con amoniaco. Y si lo puedes mezclar con jabón o usar una fórmula donde ya venga mezclado el amoniaco con jabón, mejor. No sé qué químico llevará el líquido de los pomperos, pero son manchas complicadas, así que a veces ni con el amoniaco funciona. ¡Mucha suerte!

¿Cómo hacer para adecentar un uniforme de trabajo manchado con grasa de mecánico?

Ya os he comentado que mi marido es mecánico, así que sé perfectamente que son manchas complicadas, pero se pueden quitar. Las veces que he conseguido quitarlas, ha sido con la fórmula que uso para quitar las manchas de grasa o aceite normal y corriente: bicarbonato, agua y un poco de jabón lavaplatos. Y frotar, frotar y frotar. Si después de un rato, lo enjuagas y ves que ha salido un poco, vuelve a repetir el proceso hasta que se quite.
Lo importante es que tú veas un progreso. Si lo ves, insiste. Y ya verás que acaba saliendo.

¿Cómo quitarías manchas de barro en una camiseta?

Primero, tienes que dejar que se seque el barro. Después, retira todo lo que puedas con un cepillo. Cepilla hasta que ya no salga nada de polvo. Entonces, ponle detergente a la mancha y sigue cepillando. Por último, aclárala con agua y métela en la lavadora.

¿Qué hago con las manchas y el olor de sudor en las camisetas?

De esta mancha te hablo en el capítulo 8. Pero para el olor, lo mejor es hacer una pasta de agua y bicarbonato, nada más. Y la esparces en la zona que huela mal, que normalmente es la axila. La dejas media hora y luego lo aclaras y lo metes en la lavadora. Y, normalmente, haciendo esto ya no vuelve a oler mal, porque el bicarbonato absorbe el olor.

¿Cómo sacas tú la arenilla de los biquinis?

Pues eso lo necesito saber yo también. Cuando tú vas a la playa, hay veces que la arena de la playa se mete entre los tejidos del biquini. Es como si se incrustaran granitos de arena en el bañador. Esto pasa sobre todo en los bañadores más claros. Por lo que he podido investigar hasta el momento, parece ser que se puede eliminar sumergiendo el bañador en vinagre de limpieza durante un buen rato y luego lavándolo en la lavadora, pero por ahora yo no lo he probado. En cuanto lo pruebe os cuento mi experiencia por Instagram.

¿Cómo hago para quitar una mancha de hace un año en una camiseta y que no hay forma de que se vaya con el quitamanchas?

>

Lo primero que debería saber para responderte es de qué es la mancha, pero puede que tampoco lo sepas tú. Eso a veces pasa. Hay un tipo de manchas a las que yo llamo las manchas imposibles, porque nunca he conseguido quitarlas, que son las que produce la misma lavadora. Este tipo de manchas aparecen sobre todo en ropa blanca. Dicen que esas manchas vienen de la grasa del eje de la lavadora y suelen ser manchas grisáceas o azuladas. Ese tipo de manchas son imposibles. Y si llevas más de un año intentando sacarla y no hay manera, puede que la mancha de la que me hables sea de estas. Yo lo he intentado de millones de formas y nada...

<

Se me manchó una falda de cretona del roce con el suelo mojado por la lluvia y ahora tiene una raya negra. ¿Es alquitrán?

>

No es alquitrán. Eso es como cuando llevábamos los pantalones de campana arrastrando por el suelo y de la misma suciedad del suelo, se te manchaban los bajos de negro. Lo único que puedes hacer con eso es frotar. Dependiendo del color que tenga la falda, podrías usar percarbonato, oxígeno activo, quitamanchas, jabón... Y frotar hasta que se elimine. Pero vaya, que eso no es alquitrán.

<

153

¿Cómo quito unas manchas marrones en un uniforme escolar blanco?

>

Todo depende del origen de la mancha. Si es pintura, puedes usar laca.
Si son restos de comida, el percarbonato con agua caliente sería lo mejor.

<

¿Cómo puedo quitar una mancha de aspecto desteñido de un pantalón beige 99 por ciento algodón?

>

Hay varios trucos para los desteñidos, aunque para serte sincera, no siempre funcionan. Puedes frotar la mancha con hielo, o sumergirla en leche, que no sé por qué, pero tiene que ser entera y estar fría; también podrías probar con la laca o sumergirla en vinagre de limpieza. Tienes todos esos trucos. Yo si fuera tú, los iría probando todos, uno por uno, porque total, la prenda ya se ha perdido, así que de esta solo puedes salir ganando.

<

¿Cómo quitar una mancha de pintura del cole? / ¿Cómo quitarías manchas de tinte de pelo de una gabardina?

>

Todo lo que sean pinturas, bolígrafos, tintes, etc., siempre con laca.
Para más detalles, puedes volver al capítulo 8.

<

¿Cómo limpiar manchas de aceite? / ¿Cómo quitas manchas de sangre secas? / ¿Cómo quitar las manchas de óxido de la ropa? / ¿Cómo quito unas manchas de bolígrafo del sofá? / ¿Cómo quitar las manchas de tomate frito de la ropa?

>

He incluido todas estas manchas en el «Diccionario de manchas comunes» del capítulo 8. Ahí tienes la solución.

<

**¿Cómo quitar manchas amarillas antiguas de sábanas, mantelerías…? /
¿Cómo quitar las manchas amarillas de los cuellos de las camisetas? /
¿cómo elimino las manchas del colchón? / ¿Cómo quitas las manchas
amarillas de la ropa de bebé guardada? / ¿Cómo deshacerse de las
manchas amarillas de unas zapatillas de tela de verano?**

>

Tenéis la solución a todas las manchas amarillas en el capítulo 8, en el
apartado «Diccionario de manchas comunes».

<

¿Cómo quito las manchas de un sillón de tela?

>

En el capítulo 8 te cuento cómo limpio yo la tapicería.

<

¿Cómo hago para que se vayan las hormigas?

>

En el capítulo 8 te doy la solución, paso a paso.

<

¿Cómo se limpian las juntas?

>

En el capítulo 8 tienes la respuesta.

<

¿Cómo limpiar manchas de ropa de cualquier tipo y en cualquier tejido?

>

Para eso, te recomiendo que te vayas directa al capítulo 8 y revises el apartado «Diccionario de manchas comunes».

<

Preguntas sobre humedad

¿Cómo quito las moscas de humedad que salen en el baño en verano?

La verdad es que, hasta leer esta pregunta, no tenía ni idea de que existían este tipo de moscas. Pero después de leer un poco acerca de ellas, los consejos que tengo para eliminarlas son muy generales: asegúrate de ventilar cada día y limpia bien las zonas en las que hayan aparecido. Y al ser de humedad, quizá puedes hacer una limpieza de tuberías.

¿Cómo puedo quitar las manchas negras de humedad del toldo de la terraza?

Como comento en el capítulo 8, lo suyo es limpiarlas con vinagre de limpieza o con agua oxigenada. O con una cosa o con la otra, pero las dos mezcladas, nunca. El problema de los toldos es que a veces es complicado acceder a ellos, pero si te puedes subir bien, lo suyo es que los frotes con un cepillo y el producto que tú decidas. Por ejemplo, podrías echarle jabón y agua oxigenada y agua fría (importante que sea fría) e ir frotando hasta que veas que salga.

Preguntas sobre suelos y superficies

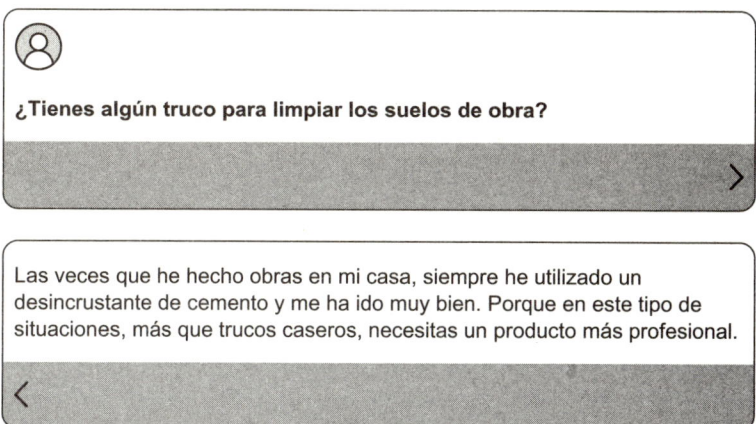

¿Tienes algún truco para limpiar los suelos de obra?

Las veces que he hecho obras en mi casa, siempre he utilizado un desincrustante de cemento y me ha ido muy bien. Porque en este tipo de situaciones, más que trucos caseros, necesitas un producto más profesional.

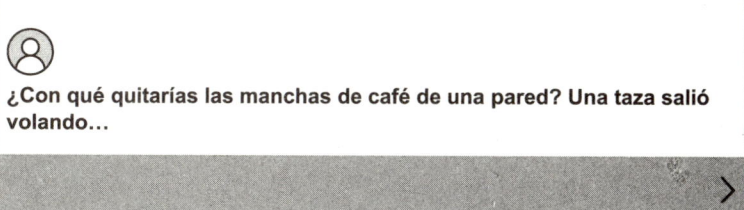

¿Con qué quitarías las manchas de café de una pared? Una taza salió volando...

Las manchas de las paredes suelen ser muy complicadas de quitar. Yo suelo usar el borrador mágico o la piedra blanca, pero si la mancha lleva mucho tiempo, puede ser que arrastres también un poco de pintura. Si no te queda otra, puedes intentarlo. Y sino, pues ya desaparecerán cuando vuelvas a pintar. Por si te sirve de consuelo, a mí también me ha pasado. Lo de la taza voladora no, pero alguna vez se me ha manchado una pared del baño de puntitos de tinte del pelo y hasta que pintas, ahí están, porque no hay forma de que se vayan.

¿Cómo puedo mejorar la apariencia de un suelo de mármol que se ha dañado por obras?

El mármol no es tan fácil de tratar como el porcelánico o la tarima. Es un material muy delicado y no hay ningún producto que sea capaz de devolverle el brillo. De hecho, con cualquiera de los productos de los que hablamos en este libro hay una alta probabilidad de que te lo cargues: el vinagre es malo, la piedra blanca es mala, el oxígeno activo es malo, la lejía y el amoniaco son peores… Con los suelos de mármol, la única opción real para mejorar su apariencia es pulir.

¿Cuál es la forma más rápida y efectiva de limpiar ventanas dobles correderas?

A ver, sabiendo que milagros yo todavía no hago, yo las limpiaría siguiendo mi rutina normal de limpieza de ventanas, porque no conozco ningún truco especial para eso. Lo que sí que puedo contarte es un truco para sacar el polvo de los raíles de la ventana que me enseñó mi suegra: coges un plumero que ya no uses, recorta las plumas hasta que quepan bien en el raíl y lo pasas por dentro, en seco. Verás que el polvo sale por completo.

¿Cómo limpiar una encimera de granito negra para que no queden marcas?

Podrías probar usando la mezcla que hago para el polvo, que lleva un poquito de aceite. Eso suele ser bastante efectivo en este tipo de casos.

¿Puedo usar el oxígeno activo para limpiar los muebles de madera de la cocina?

Puedes usar oxígeno activo, pero diluido en agua. Y no eches el producto directamente sobre la superficie, sino sobre la bayeta. Puedes llenar un barreño de agua, echar un chorreoncillo de oxígeno activo, meter la bayeta, estrujarla y ponerte a limpiar con ella. Así no habría problema.

¿Usar la piedra blanca todos los días en la vitrocerámica puede ser contraproducente?

>

No, puedes usarla sin miedo.

<

Preguntas sobre electrodomésticos

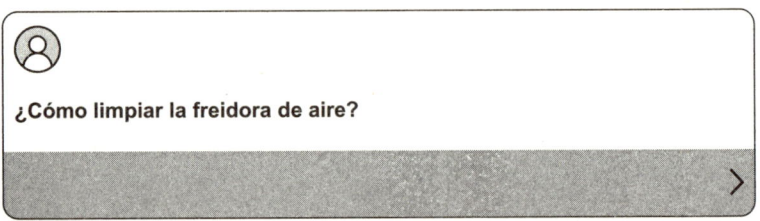

¿Cómo limpiar la freidora de aire?

>

Esto que os voy a contar yo no es lo que recomiendan los fabricantes, pero es lo que a mí me funciona. Yo saco el cesto, le echo agua caliente del grifo hasta que cubra tres o cuatro dedos, pongo una pastilla de lavavajillas, vuelvo a meterlo y programo la freidora a la temperatura más baja posible durante máximo cinco minutos. Y cuando la sacas, frotas bien y sale todo. Y si lo que quieres es limpiar la resistencia, le puedes dar la vuelta a la freidora, pulverizar desengrasante sobre papel de cocina y colocarlo encima de las resistencias. Sobre todo, no eches el producto directamente en las resistencias. Dejas el papel unos minutos y verás que va saliendo la grasa. Si lo necesitas, puedes repetir varias veces este proceso, hasta que el papel salga completamente limpio.

<

¿Sabes algún truco para limpiar electrodomésticos de acero inoxidable?

>

Para limpiar la puerta de acero inoxidable de un frigorífico o de un lavavajillas, hay que ir con cuidado para no arañar el material. Alguna vez que he ayudado a mi madre a limpiar la puerta de su frigorífico, lo he hecho con alcohol de limpieza, un chorreoncillo de aceite (que no tiene por qué ser de oliva, puede ser de cualquier otro tipo) y con una buena bayeta. Así queda bastante bien.

<

Preguntas sobre limpiar toda clase de objetos

¿Cuál es la mejor forma de limpiar los juguetes y las camas de las mascotas?

>

Si vas a utilizar detergentes y desinfectantes para limpiar las cosas de tu mascota, es importante que te asegures de que son aptos para mascotas. Yo la cama la meto directamente en la lavadora con un detergente especial para mascotas. Y para los juguetes, puedes llenar un barreño con agua y sumergirlos ahí con un chorreoncillo de desinfectante (repito: apto para mascotas), dejarlos unos minutos y luego los sacas, los limpias con un trapito que tengas para eso y ya está.

<

¿Cómo lavas los cubiertos para que no le queden gotitas blancas de cal?

Todo depende de si lo metes en el lavavajillas o si lo lavas a mano.
Por la pregunta que me haces, me imagino que tú los estás lavando a mano.
Lo suyo es que mezcles un chorreoncillo o bien de abrillantador o bien de vinagre de limpieza con el jabón lavaplatos. Así se eliminan muy bien todos los restillos blancos que se quedan. Y luego, si te molesta que quede la marca de las gotitas, sécalos justo después de lavarlos, no los dejes mojados, porque si no, se te van a quedar las gotas marcadas.

¿Cómo hago para quitar unos garabatos de boli de una muñeca de bebé?

A mí no me ha pasado, así que no he tenido nunca que hacerlo, pero por lo que parece, lo suyo es que lo frotes con un algodón humedecido en acetona o en alcohol etílico. También hay quien habla del peróxido de hidrógeno como una buena solución. Al final, lo mejor es que pruebes y veas qué te funciona mejor.

Preguntas sobre orden

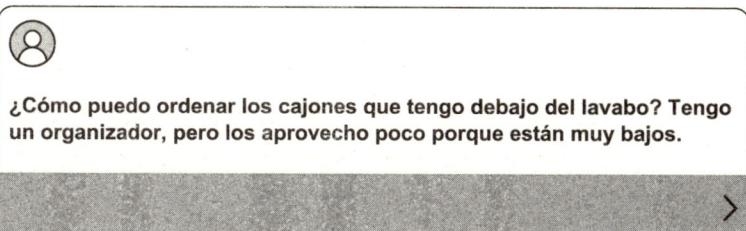

¿Cómo puedo ordenar los cajones que tengo debajo del lavabo? Tengo un organizador, pero los aprovecho poco porque están muy bajos.

Si el problema es que tienes poco espacio, lo que puedes hacer es juntar los productos que pones en cada organizador por familias. Por ejemplo, junta el espacio de las gomas de pelo con el de los cepillos del pelo, pero no lo mezcles con los perfumes, porque eso ya sería otra familia y no te será práctico tenerlos juntos. Y así, todo estará más o menos ordenado dentro del espacio que tengas para ordenar. Si el tema es que esos cajones no son prácticos por la altura, lo que puedes hacer es dedicar ese espacio a cosas que no sean de uso tan frecuente o mira si tienes la opción de poner algún tipo de mueble auxiliar que te pueda ayudar a tenerlo todo colocado de una forma que sea más práctica para ti.

¿Tienes algún truco para ordenar la ropa interior?

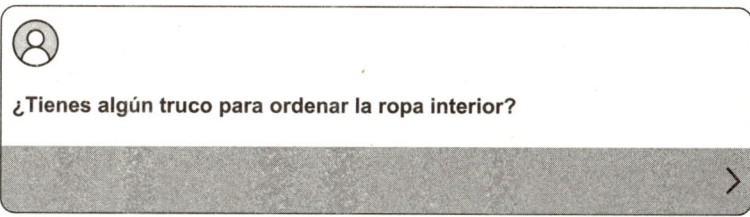

Yo uso cajas organizadoras pensadas para la ropa interior, porque así me es más fácil mantener el orden. Lo importante es que encuentres un modo de ordenarla que sea práctico para ti.

Preguntas sobre limpiar sin estrés

¿Cómo organizarse para hacer una limpieza a fondo sin que dé pereza?

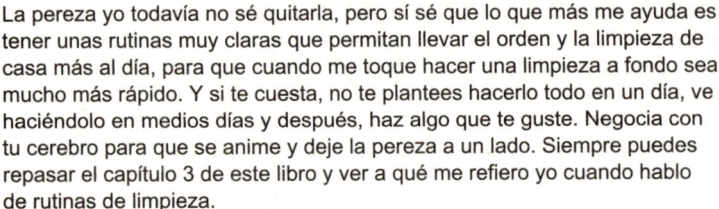

La pereza yo todavía no sé quitarla, pero sí sé que lo que más me ayuda es tener unas rutinas muy claras que permitan llevar el orden y la limpieza de casa más al día, para que cuando me toque hacer una limpieza a fondo sea mucho más rápido. Y si te cuesta, no te plantees hacerlo todo en un día, ve haciéndolo en medios días y después, haz algo que te guste. Negocia con tu cerebro para que se anime y deje la pereza a un lado. Siempre puedes repasar el capítulo 3 de este libro y ver a qué me refiero yo cuando hablo de rutinas de limpieza.

¿Cómo lo haces cuando no llegas a todo?

>

El único remedio que conozco para llegar a todo es organizarse. Como ya hemos hablado, yo tengo mi plan semanal y así me voy medio organizando. ¿Que me da tiempo a hacerlo todo? Bien. ¿Que no? Pues no pasa nada. Lo suyo es que te guardes un tiempo al día, el que puedas, para mantener tu casa con un mínimo de orden: con la cama hecha, sin cosas por en medio, con la encimera de la cocina libre… Ponerte una rutina para que sí o sí, ese tipo de cosas se queden hechas en algún momento del día. Y yo te aseguro que con un buen plan diario y semanal, en una hora lo tienes hecho. Aunque, por supuesto, hay momentos en los que también hay que relativizar, porque tampoco es cuestión de que mueras en el intento de cumplir con la rutina. Si no se puede, no se puede. Pero si te acostumbras a hacerlo cada día, la norma general será que llegues y los momentos de más caos serán puntuales. Lo que está claro es que no puedes exigirte siempre llegar al cien por cien a todo, porque eso al final también te puede afectar a la salud y eso tampoco es necesario.

<

10

Y para acabar, mi decálogo de limpieza

Con lo que te he contado en este libro, tienes toda la información que necesitas para poder limpiar tu casa de una forma mucho más práctica, cómoda e incluso rápida. Pero de todo lo que has leído, hay diez ideas con las que sí o sí te tienes que quedar:

1. Ventila todos los días, aunque sea diez minutos. Es poco tiempo para todo lo bueno que te dará.
2. No empieces a limpiar hasta que no esté todo ordenado.
3. No pulverices los productos sobre la superficie. Hazlo siempre sobre la bayeta.
4. Si limpias en caliente, se limpia mejor.
5. La lejía siempre se usa en agua fría.
6. Antes de usar lejías, amoniacos y vinagres, mézclalos siempre con agua.
7. No mezcles amoniaco, lejía, oxígeno activo y vinagre entre ellos.
8. No le eches ambientador a algo que está sucio. Primero límpialo y luego perfuma.
9. No guardes nunca la ropa cuando todavía está húmeda, si no quieres que empiece a oler a humedad.
10. Limpia los utensilios que usas para limpiar, si quieres que limpien tu casa de verdad.

¿Qué? No ha sido para tanto, ¿verdad? Al final, todo consiste en ponerse manos a la obra. Y a la que empieces a ver tu casa más ordenada, más limpia y notes lo bien que huele, ya nunca querrás volver atrás. Ojalá todos los trucos y consejos de limpieza y orden que has visto en este libro simplifiquen un poco tu día a día y te ayuden a sentirte más en paz en tu casa. Y ya sabes que si tienes cualquier duda, siempre me podrás encontrar en @huele.a.limpio.

¡Hasta la próxima!

Agradecimientos

A mi marido y a mi hija, que son los que viven conmigo y están día a día ayudándome. Mi marido me apoyó en este viaje desde el mismo momento en el que decidí crear @huele.a.limpio y dedicarme a las redes sociales. Desde que se lo dije hasta ahora, no ha dejado de animarme en un solo momento. Y siempre me acompaña a todas partes. Se apunta a todas las inauguraciones, a todas las presentaciones, a todas las invitaciones a eventos… Y a mí eso me suma, porque me anima mucho. Él es un pilar muy importante en mi vida, pero todavía más lo está siendo en esta etapa. Y a mi hija, porque no podría tener mejor mánager. Le cuenta a todo el mundo que soy @huele.a.limpio. Para ella, cualquier ocasión es buena para decir que su madre es influencer. Verla orgullosa de mí es algo que me da muchísima alegría. Los dos se portan muy bien conmigo y, por eso, se merecían estar en esta página del libro.

A mis padres, a los dos por igual, porque ellos son los que me han enseñado que si quieres, puedes. Que los sueños no se cumplen solos, hay que trabajarlos. Ellos son autónomos y con su trabajo me han enseñado a ser perseverante y a no cansarme nunca de trabajar en lo que quiero. Y siempre que me han hecho falta, han estado los primeros. Y claro, una de las cosas más importantes que he aprendido de mi madre es que cada día puedes recoger tu casa y que vale la pena dedicarle un tiempo al día a tu espacio y no abandonarse. Nada de todo el camino que he recorrido con @huele.a.limpio hubiese sido posible sin ellos.

A mis dos tías, mi tita Juani y mi tía Mari, amas de casa y segundas madres para mí. Gran parte de lo que he vivido y de lo que sé es gracias a ellas. Son de las que he aprendido las rutinas, trucos de limpieza, formas de eliminar manchas... Aprendí a hacer detergente casero con mi tía Mari. Y de comer, igual, porque si no estaban limpiando, estaban cocinando. O sea, que mi infancia huele a limpio y a comida. Siempre me han tratado como a una hija más y las quiero mucho.

A mis amigos, porque también me apoyan mucho en todo lo que hago. Son mis mejores seguidores. Siempre son los primeros en dar like, comentar y compartir en sus stories las colaboraciones que hago y no dudan ni un momento en decir que @huele.a.limpio es su amiga. Les agradezco mucho la ilusión que les hace cada nuevo paso que doy.

No me quiero olvidar de las chicas de Insight Media Consulting, porque ellas son las que han conseguido que yo haya llevado a @huele.a.limpio tan lejos como para llegar a tener un libro, que es algo que nunca en la vida me hubiese imaginado. Gracias a ellas, estoy consiguiendo cosas que hace unos años hubiesen sido impensables para mí y estoy teniendo muchísimo trabajo. Que alguien le dé valor a lo que haces y te ayude de esta forma es realmente de agradecer.

También me gustaría darle las gracias a Inés, porque sin su ayuda este libro no hubiese sido posible. Yo tengo muchísima información, contenidos y experiencia en el mundo de la limpieza, pero yo sola no hubiese sabido ni por dónde empezar a escribir. Si no fuera por ella, no lo hubiese conseguido.

Y por último, a ti, que tienes este libro en tus manos y has depositado toda tu confianza en mí para que tu casa huela a limpio, gracias de corazón.